PIEL CON PIEL

ADOLFO GÓMEZ PAPÍ

PIEL CON PIEL

El papel utilizado para la impresión de este libro
es cien por cien libre de cloro
y está calificado como **papel ecológico.**

Preimpresión: Safekat, S. L.

Temas de Hoy es un sello editorial de Editorial Planeta, S. A.
Avda. Diagonal, 662-664 08034 Barcelona
www.temasdehoy.es
www.planetadelibros.com

ISBN: 978-84-9998-657-9
Depósito legal: B. 7.671-2018

Impresión: Black Print
Printed in Spain - Impreso en España

A mi madre;
a Marta, mi mujer;
y a todas las madres que he conocido.
Aprendo mucho de vosotras.

ÍNDICE

INTRODUCCIÓN

Cuando tuve a mis primeros hijos, desconocía las señales de los recién nacidos, sus necesidades básicas y todo lo que ahora sé sobre la lactancia. De haberlo sabido, habría hecho menos caso a las opiniones de los demás —tan poco informadas como la mía— respecto a si pasaban hambre o si tenía que dejarles llorar. Pese a todo, Marta y yo volcamos nuestro cariño en ellos, disfrutamos mucho y aprendimos a ser padres.

Llevo unos cuantos años involucrado en el mundo de la lactancia materna. He tenido la oportunidad de conocer a grandes profesionales sanitarios —con muchos de los cuales mantengo una entrañable amistad—, a muchísimas madres, a sus parejas y a sus hijos.

Suelo comentar a los alumnos de Medicina que es la especialidad quien escoge al médico, y no al revés. Lo digo porque, en general, cada especialidad atrae a un cierto tipo de médico. Ocurre con los pediatras, que solemos ser personas a quienes nos encanta tratar con niños, los únicos pacientes con los que se puede jugar y tomar en brazos. Nos es fácil comunicarnos con ellos y entender qué les pasa. También ocurre con el mundo de la lactancia materna. Solo sé que con la mayoría de los profesionales de la lactancia me siento como pez en el agua. En muchos casos no los veo tanto como quisiera, pero disfruto enormemente en su compañía.

He aprendido muchísimo de las madres que han acudido a nosotros. De cada una de ellas. Tantas y tantas madres que lo único que necesitaban era sentirse escuchadas y comprendidas. Muchas habían sufrido lactancias dolorosas y seguían adelante pese a la incomprensión de su entorno. Otras dudaban de su capacidad de producir leche, de si era de buena calidad o de si eran buenas madres. Por suerte, la mayoría de las que llegaban a nuestra consulta contaban con el apoyo incondicional de sus parejas.

El mundo de la lactancia materna tiene relación con el del parto natural y con la crianza llamada con apego. Al parecer, para muchas mujeres ser buena madre incluye el lote completo. Es terrible dudar de si se es buena madre y sentirse culpable por ello. Sentirse culpable por no haber sido capaz de parir en casa, por solicitar la epidural, por haber tenido que sufrir una cesárea, por tener miedo de dormir en la cama con el bebé, por no soportar una lactancia dolorosa… Cada mujer es única. Como cada pareja. Aunque las situaciones se repiten, la forma en que cada una las vive es personal y propia. Con los años me preocupo más de que cada madre se sienta buena madre, la mejor para su hijo.

También aprendí mucho de mis padres. Mi madre me contó una vez que, cuando hablaban de cómo educar a sus hijos, mi padre le dijo que los niños aprenden con el ejemplo, que aprenden de lo que ven en sus padres.

Éramos siete hermanos. Mi madre, además de mimarnos a cada uno, cuidó de sus padres y de dos tías abuelas que vivían con nosotros. Y más adelante, de mis dos sobrinos mayores. Una vez le pregunté cómo había hecho para poderse entregar de ese modo a los demás y para que todos nos sintiéramos tan felices. Me contestó: «Queriéndoos mucho».

1
DESEO TENER UN HIJO

En mi trabajo como pediatra neonatólogo en la maternidad de mi hospital tengo contacto con muchas jóvenes, estudiantes de enfermería o de Medicina, residentes de pediatría o de matrona, alumnas de másteres diversos que son ya licenciadas en Nutrición, Psicología… Tienen entre veinte y veintiocho años.

Cada día hablamos con madres, tomamos en brazos a sus recién nacidos, les desnudamos, les calmamos —no les suele gustar mucho ser explorados porque se sienten vulnerables—, les vestimos y se los devolvemos a ellas de nuevo.

Para muchas de estas estudiantes o residentes se trata de la primera vez que toman a un bebé en brazos, la primera vez que sienten su fragilidad, la primera vez que un recién nacido les mira a los ojos… Algunas me cuentan que, tras su primer día en el hospital, han soñado con niños. Me gusta ver cómo reaccionan, cómo miran a las madres, cómo se entusiasman con la relación de ellas y sus hijos. Se asombran con los testimonios sobre sus partos, sobre cómo se sienten, sobre sus dudas…

Ninguna de estas presentes o futuras profesionales se ha planteado tener un hijo a corto plazo. Sus expectativas laborales posponen la decisión hasta bastante más adelante. Pero tener contacto con los recién nacidos les ha hecho ser conscientes de su capacidad maternal. Tal vez se trata de lo que se ha dado en llamar el «reloj biológico», ya que, en la historia de la humanidad, y hasta hace menos de setenta años, las mujeres tenían su primer hijo entre los dieciocho y los veinte años.

En España no es extraño que una pareja joven tarde en decidirse a tener hijos o incluso que ni se lo plantee. Las familias actuales difícilmente tienen más de dos hijos. Y las parejas suelen tener como mucho un hermano y carecer de experiencia en el cuidado de bebés. Crecer sin el contacto de niños pequeños no facilita, en general, el deseo de ser padres; y, por otro lado, existe mayor desconocimiento de lo que significa la maternidad.

Sin embargo, y a pesar de esto, la familia les preguntará con frecuencia lo de para cuándo el niño. A cierta edad deseamos ser abuelos, y no quisiéramos serlo demasiado mayores porque nos gustaría disfrutar de los nietos, jugar con ellos y, de vez en cuando, cuidarlos —en muchos casos este deseo nos hace ser demasiado insistentes con nuestros propios hijos—. La situación familiar y laboral actual es muy diferente a la de hace décadas.

Tener hijos hoy es una opción. Ni todas las mujeres ni todas las parejas desean tenerlos. Con frecuencia vemos a mujeres sin pareja que han decidido ser madres. Pero si serlo es toda una aventura que la mayoría vive en compañía, estas en particular vivirán una odisea, pues es necesario, como ya he dicho, apoyo para criar a los hijos.

En otras ocasiones el anhelo de ser padres se topa con una dificultad mayor: lograr el embarazo. Sin duda influye la mayor edad de las mujeres, por lo que algunas, sobre todo, pueden convertir el deseo en obsesión. Pasan por la frustración de no quedarse embarazadas, por la necesidad de ponerse en manos de especialistas en fertilidad, por la incertidumbre de conocer de quién es «la culpa», por la pérdida de la espontaneidad de las relaciones sexuales… Son muchas las parejas que acuden a consulta que hablan de años de intentos —aunque lo suelen decir contentas, porque por fin han sido padres—.

Por último, es frecuente también encontrarse madres que no deseaban serlo cuando se quedaron embarazadas. Si llegaron hasta nosotros, si las conocimos, fue porque aceptaron la situación y con valentía decidieron seguir adelante.

Muchos desconocen qué es ser padres antes de experimentarlo, y eso genera unas expectativas que, como veremos a lo largo del libro, son difíciles de cumplir. Por eso es clave saber cómo es un bebé, conocer sus necesidades y aprender a criarlo. Más adelante, cuando hayan pasado unos meses del nacimiento, los padres pensarán que sus vidas pasadas estaban vacías y pocos recordarán cómo eran antes de la llegada de sus hijos.

2
VOY A TENER UN HIJO

EL MISTERIO DE LA VIDA

El misterio de la vida comienza cuando un espermatozoide logra fecundar un óvulo. Luego, la multiplicación de las células, su diferenciación y la formación del cuerpo del futuro bebé necesitará de un ambiente cálido, seguro, oscuro y húmedo. Allí, mientras se forma, recibe estímulos tamizados por la pared abdominal de la madre, por el líquido amniótico. Oye sonidos —la voz de su madre, el latido de su corazón, el movimiento de sus tripas—; percibe los movimientos —desde la vida fetal es mecido por su madre—, capta la luz a pequeñas dosis, percibe la presión de las paredes uterinas, el sabor del líquido amniótico que transmite el de los alimentos que la embarazada ha consumido. Y su estado de ánimo; y seguramente, su amor, su preocupación, su ilusión...

Bañado e incluido en el líquido amniótico, que penetra en sus fosas nasales —y así se familiariza con el olor de la madre—, en su conducto auditivo externo, que deglute y transita por su tubo digestivo, que baña por dentro su tráquea, bronquios y futuros alvéolos. Lo traga y se orina en él. Al deglutirlo va preparándose para recibir otro alimento líquido maravilloso que proviene de su madre: su leche.

Durante su vida intrauterina se nutre a través de los vasos umbilicales por los que fluye la sangre de la madre, otro extraordinario líquido del que depende la vida desde que somos embriones hasta que morimos. A medida que va creciendo se siente contenido y limitado por el útero materno, en flexión de cuerpo y extremidades, con las manos frente a su boca. Está en una situación ideal, alejado de peligros como el hambre, la desprotección y el frío.

UNA ILUSIÓN CON CAMBIOS FÍSICOS

Confirmar un embarazo supone una enorme alegría para aquellas parejas que desean tener un hijo. Sin embargo, para algunas mujeres implica un verdadero quebradero de cabeza. He conocido a muchas que han aceptado un embarazo no deseado —no debe de ser fácil— y he sabido cómo han sido cobijadas por sus familias y parejas. Para su tranquilidad es clave la confianza en ellos y el amor de estos por ellas.

El cuerpo de la mujer durante los nueve meses de gestación experimenta una serie de cambios que la preparan para acoger a su futuro hijo y para alimentarle una vez nacido. Crecerán sus mamas —muchas veces, el primer signo físico del embarazo—, cuyas areolas se oscurecerán, y poco a poco el vientre se ira haciendo más voluminoso. Crece a golpes —«La semana pasada apenas se apreciaba y ahora mira cómo se nota», les he escuchado decir a muchas—.

Todos estos cambios son debidos a la gran cantidad de hormonas que segrega la placenta. Estas hormonas son fundamentales para el mantenimiento del embarazo, pues preparan las mamas para la lactancia y favorecen el desarrollo de los diferentes órganos del feto. A través de la placenta, el feto obtiene oxígeno, agua y los nutrientes necesarios.

Cada mujer vive esta etapa de forma única. Algunas se encuentran especialmente bien durante todo el embarazo, mientras que otras comienzan a tener vómitos desencadenados por el movimiento —en el coche o el autobús— o por olores habituales —antes familiares y ahora especialmente molestos— hasta bien entrado el segundo trimestre.

En general, sienten más sueño y duermen más profundamente —«Ahora duermo como cuando era una niña»—. Hay otra cuestión que les inquieta: el tema del apetito. Tienen más hambre —en los controles médicos la matrona y la obstetra procurarán que el incremento de peso durante este periodo no se dispare—; no solo quieren comer más, sino que se les «antojan» comidas o bebidas nada habituales en su alimentación.

A medida que la gestación avanza se sienten, como es lógico, más pesadas y voluminosas, con sensación constante de cansancio, por lo que su cuerpo les pide más reposo. Muchas sienten también más calor que antes, incluso en pleno invierno —«Es como si tuviera una estufa dentro de mí», me reconocen—.

TU INFANCIA Y TU CRIANZA. TUS PADRES

Así como el cuerpo se va preparando, la embarazada también experimenta cambios psíquicos. De repente deja de ser hija para asumir el rol de madre. Evoca muchos recuerdos de su infancia y revisa el papel de sus padres, la forma en que ella y sus hermanos fueron criados. Empiezan las dudas y se pregunta si lo hará bien y si será buena madre.

IMPORTANCIA DE LA PAREJA

Aunque el cuerpo del padre no cambia durante estos meses, siente la misma responsabilidad y se plantea las mismas dudas que la madre: cómo lo hará y qué papel jugará en la crianza de su hijo. Por suerte, la gestación suele durar nueve meses, tiempo necesario y suficiente para que, poco a poco, ambos se adapten a la nueva situación. Y por suerte también, durante el embarazo el cerebro empieza a prepararse para cuidar al bebé —se ha descubierto que se activan zonas cerebrales que los científicos relacionan con la cognición social, con la habilidad humana de ponerse en el lugar de los demás, de anticiparse a sus intenciones, de leer la mente del otro, es decir, de empatizar—.

Durante el embarazo la mujer suele tener una mayor dependencia afectiva, sobre todo de su pareja, por lo que es conveniente que se sienta acompañada en esta nueva experiencia. Ella no se conocía embarazada ni sabía cómo le afectaría tener el pecho y el abdomen más voluminosos, ni consideraba cansarse más ni sentirse más frágil y vulnerable.

El embarazo incide también en su apetito sexual. Algunas mujeres siguen sintiendo el mismo deseo que antes, mientras que a otras les desaparece. Algo similar puede experimentar su pareja ante los cambios físicos de su mujer.

Es conveniente que los dos participen del embarazo: que hablen de su futuro hijo, de sus sentimientos actuales —miedos, dudas, inseguridades…—, que la pareja acuda a las visitas obstétricas y a las clases de preparación al parto; que entre los dos decidan la forma de alimentarle —pecho o biberón— y que esa decisión sea tomada según la información recibida en esas clases; que hablen sobre las diferentes formas de crianza para que, juntos, actúen en consecuencia.

SIN PAREJA

Como ya hemos dicho, prepararse para la maternidad supone vivir muchos cambios físicos y psíquicos que sería ideal compartir en pareja. No obstante, aquellas mujeres que deciden asumir la maternidad sin ella, no deberían hacerlo en solitario. Para cuidar a su hijo, para darle todo su cariño, la madre tiene que ser a su vez amada y cuidada.

En muchos casos es la familia materna quien les da todo el apoyo que necesitan; en otros, son las amistades, el círculo íntimo, quienes les ofrecen su compañía y afecto. Algunas son profesionales de más de treinta años que anteponen el deseo de ser madre a la existencia de una pareja adecuada. Otras son adolescentes que necesitan más que nunca ser comprendidas y acogidas por sus padres. Están en edad de estudiar, de divertirse, de salir por las noches… por lo que es primordial que sus familias les ayuden a asumir el nuevo papel, la maternidad.

VÍNCULO MADRE-HIJO

Algunas mujeres se van a sentir vinculadas a sus hijos desde el mismo momento en que empiezan a notar los primeros movimientos fetales. Hoy en día, la práctica de las ecografías en 3D permite a los padres tener una imagen del rostro de su hijo, lo que contribuye al establecimiento precoz del vínculo madre-hijo. El vínculo en el embarazo permite que madre, padre e hijo establezcan unos lazos más fuertes en el posparto inmediato. Es bueno hablar del bebé, de cómo será, de la vida que la pareja llevará con él. Como comentaremos más adelante, la madre y el padre sentirán un flechazo cuando vean a su hijo… que durará toda su vida.

QUÉ ESPERAS DE ÉL. CÓMO CAMBIARÁ TU VIDA

Tener hijos es, sin duda, una decisión que cambia la vida, pero nadie sabe realmente cuánto hasta que lo experimenta en primera persona. La mujer empieza a fijarse en cuántas embarazadas hay en su entorno y a mirar con interés el vínculo de otras mujeres con sus hijos pequeños, Es entonces cuando realmente se da cuenta de que los niños lloran, de que esas madres tienen que salir corriendo a sus casas porque toca darles de comer y de que se ensucian y hay que cambiarles.

En las conferencias y en las clases prácticas suelo preguntar a las embarazadas primerizas cómo esperan que se porten sus futuros hijos al principio: cada cuánto comerán, qué harán entre toma y toma y dónde dormirán. La respuesta es casi siempre la misma: comerán más o menos cada tres horas, dormirán entre toma y toma y lo harán en su cunita. Y todo ello, por supuesto, sin que apenas lloren. Este es el retrato del niño bueno que todas esperan.

Ante tales expectativas, muchas creen que van a poder llevar casi la misma vida que antes. Que les dará tiempo a leer, a ir al cine o al gimnasio, a salir con las amigas e incluso a hacer una tesis doctoral. Porque resulta que las mujeres que ocupan

cargos políticos relevantes en nuestro país apenas han disfrutado de una breve baja maternal y ya están desplegando toda su
actividad como si nada hubiera ocurrido.

Muchas se enfrentarán al reto de ser madres sin haber cuidado jamás de bebé alguno y con las falsas expectativas que
hemos comentado. Como decía antes, ya durante el embarazo
su cerebro empieza a prepararse para cuidar a su hijo.

CÓMO LE ALIMENTARÁS

Durante el embarazo, muchas mujeres deciden si darán el
pecho o el biberón. Se trata de una decisión que deben tomar
libremente, junto con su pareja o su familia, tras haber recibido
la información adecuada. Más adelante comentaré en profun-
didad por qué no es lo mismo amamantar que alimentar a
nuestros hijos con biberón. Ahora prefiero escribir sobre algunas de las razones que hacen que algunas parejas se inclinen
por el biberón.

PARA QUE ASÍ MI PAREJA PARTICIPE EN SU ALIMENTACIÓN

Si le doy pecho, solo se lo puedo dar yo. Si es biberón,
también lo puede hacer mi pareja. El papel de la pareja en la
crianza del hijo es clave, pero no tiene que ser precisamente
darle biberones. Se puede apoyar a la madre que amamanta
dándole cariño, alabando su papel de madre, empatizando con
ella, encargándose de la intendencia de la casa… Y se participa
activamente en la crianza cambiando los pañales del bebé, ba-
ñándole, calmándole, cuidándole cuando la madre descansa y
jugando con él.

Para poderme dedicar a mi otro hijo (de 2-3 años)

Muchas madres, que han amamantado a su primer hijo durante meses y se han dedicado por entero a él, se preocupan porque temen que se sienta desplazado y creen que ahora las va a necesitar más que antes. Es importante dar a cada hijo lo que necesita en cada momento. Aunque parezca lo contrario, es el más pequeño el que más necesita la presencia de su madre, el que necesita mamar para alimentarse, para sentir el calor de su madre, para sentirse caliente, protegido y seguro, para estar feliz. El mayor tendrá que adaptarse a la presencia de un hermano que acaparará a su madre. Será la pareja quien asuma básicamente el cuidado del mayor en espera de que la madre aproveche los momentos en que el pequeño descansa para darle cariño.

Porque dar el pecho es duro y sacrificado

Lamentablemente, algunas mujeres han pasado un calvario con el pecho durante las primeras semanas. Dar el pecho tiene que ser agradable, se tiene que disfrutar. Para ello se necesita, en muchas ocasiones, un buen apoyo de los profesionales sanitarios de la maternidad y de los grupos de apoyo a la lactancia.

Porque tengo que trabajar fuera de casa

Si la mujer disfruta de una baja maternal habitual —las dieciséis semanas— es bastante probable que, llegado el momento de incorporarse al trabajo, la lactancia esté muy bien instaurada, el bebé mame en pocos minutos y pueda disponer de una reserva de su propia leche para que alguien se la administre en su ausencia. Más complicado lo tienen las madres que trabajan por cuenta propia, las autónomas, aunque algunas de ellas consiguen amamantar. Y más aun las que trabajan sin un contrato laboral, porque no tienen derecho a permiso de maternidad alguno. Sea como sea, los grupos de apoyo a la lactancia de la zona pueden orientarlas y ayudarlas a hacer compatible amamantar y trabajar.

3
EL PARTO

MIEDO AL PARTO

En la historia de la humanidad, la mortalidad del recién nacido y de la embarazada estaba muy relacionada con el parto. El miedo de la mujer es ancestral y lógico, porque el parto es una situación de riesgo que, aunque aún persiste —sobre todo en algunos países—, su pronóstico ha mejorado muchísimo con los avances en perinatología y obstetricia de los últimos setenta años.

Tal vez en la actualidad sea exagerado hablar del miedo a este momento, pero muchas mujeres lo afrontan aún con cierta desconfianza. Ahora, las gestantes no temen por su salud o la de su hijo, pero sienten respeto porque saben de su importancia y se preocupan por no estar a la altura. Dudan de si podrán aguantar los dolores, las contracciones uterinas que tienen lugar durante horas para borrar y dilatar el cuello de la matriz y, después, para permitir que el bebé descienda por la vagina y, finalmente, salga al exterior. En efecto, las contracciones son temidas por la mayoría de las embarazadas, pero son necesarias no solo para que nazca el bebé, sino para estimularle y prepararle para la vida fuera del vientre materno.

EL PARTO NATURAL

La medicalización excesiva del parto restó protagonismo a la madre, que se convirtió en un sujeto pasivo; era el obstetra el que «sacaba» a la criatura. Las mujeres parían en la camilla, con las piernas colocadas sobre los estribos, en una posición cómoda para la actuación del especialista, pero nada agradable para que la madre empujara con todas sus fuerzas durante las últimas contracciones. Difícilmente una parturienta habría escogido esta postura para parir.

El parto del cachorro humano es el más difícil de la naturaleza. La pelvis se estrechó como consecuencia de la bipedestación, lo que dio lugar a que el cráneo del recién nacido atravesara con dificultad el anillo de huesos de la pelvis materna. Y esto es así porque algunos de los huesos pélvicos de la madre —como el coxis— tienen milímetros de movilidad; y también porque los huesos de la cabeza del bebé no están soldados todavía, lo que les facilita encabalgarse unos sobre los otros durante el parto —y reducir en algún centímetro el perímetro de su cráneo— y más adelante, separarse para permitir el crecimiento de su cerebro. De ahí que el parto sea largo y doloroso. Parir es más difícil para las mujeres que para cualquier otra hembra mamífera.

Históricamente, las embarazadas han necesitado que alguien las ayudase en el momento del parto. Siempre hubo «mujeres sabias» a quienes se acudía cuando alguna futura madre estaba a punto de parir, tanto en los pueblos como en las ciudades. Su función era la de acompañarla en todo el proceso, facilitarle acomodo, aliviar el dolor y atenderla en el expulsivo en las contracciones durante los últimos esfuerzos. Pese a esta ayuda, el parto era gobernado por la futura madre; ella era la protagonista.

La cultura de este tipo de parto se ha perdido en el mundo desarrollado. Ahora, cuando una mujer dice «fue un parto natural», puede significar tanto que el bebé nació por vía vaginal sin ayuda como que no dio tiempo a ponerle anestesia epidural.

Con todo, las mujeres han comenzado a reclamar la recuperación de ese papel principal en el parto. La intimidad y estar acompañadas por quienes ellas escojan: su pareja, su madre o una doula —una mujer que está junto a la madre en el momento del parto—. El Ministerio de Sanidad, a través de la Estrategia de Atención al Parto, se hizo eco de estos deseos y, como consecuencia, muchos hospitales empezaron a ofrecer habitaciones confortables para parir, partos dirigidos por matronas que procuran respetar los tiempos y deseos de las madres, y aliviar su dolor por medios que no interrumpan el proceso. Solo si es necesario entran en acción el obstetra y el pediatra.

DÓNDE Y CÓMO

Durante los últimos meses del embarazo, la mujer piensa, sobre todo si es la primera vez, casi exclusivamente en el parto, por lo que es importante que la pareja se informe de las posibilidades existentes, que acuda, como hemos dicho, a las clases de preparación y que allí pregunte a las matronas todo aquello que les preocupe. También hay libros y excelentes páginas web

—www.elpartoesnuestro.es y www.quenoosseparen.info— que aclaran cualquier duda.

Comienza a ser frecuente que las mujeres que se deciden por un parto hospitalario presenten un plan de parto —hablaremos de ello en el siguiente epígrafe—. Hay también mujeres que prefieren parir en su propia casa, junto a una matrona de confianza que las acompañe sin hacerse notar y ayude física y emocionalmente. Las que han parido en estas condiciones cuentan historias de dilataciones en la bañera, sobre una pelota, colgadas de los brazos de su pareja… Las hay que han acabado pariendo de lado en la cama, a cuatro patas o en cuclillas. La variedad es grande y a menudo, por efecto del cóctel de hormonas —oxitocina y endorfinas—, muchas no se acuerdan después de casi nada. Lo que narran es lo que les han contado a ellas que ocurrió.

Otras escogen parir en una casa de partos. En estos lugares todo está pensado para que la madre viva la experiencia en plenitud, con intimidad, en compañía de quien desee y atendida por matronas expertas. Estas conocen los procedimientos para la analgesia, saben facilitar la dilatación, conocen el modo de parir en cualquiera posición que la madre decida y detectan a tiempo las situaciones que van a requerir la atención del obstetra o del pediatra.

Ni todas las mujeres paren de la misma forma ni todas se sienten bien haciéndolo en casa. Algunas prefieren ser atendidas en una clínica donde haya matronas, obstetras y pediatras por lo que pudiera ocurrir. Algunas solicitan la epidural y otras eligen convivir con los dolores del parto mediante técnicas de analgesia alternativas. Las hay también capaces de aguantar en casa las primeras horas de contracciones mientras otras corren al hospital asustadas a la primera contracción. O las hay que prefieren que su segundo parto, a diferencia del primero que fue en el hospital, sea en su propia cama. No se es mejor madre por ser capaz de parir en casa sin analgesia.

PLAN DE PARTO

Este plan recoge los deseos de la madre respecto a su futuro parto. Allí se especifican muchos de los pasos y procedimientos que tienen lugar durante las horas de dilatación y expulsivo. Se habla de que la madre prefiere que le dejen beber y hasta comer durante el parto; que prefiere poder caminar durante la dilatación; que no quiere anestesia epidural; que desea permanecer en la intimidad acompañada por la persona que ella escoja en todo momento; que, a ser posible, el parto sea atendido por la matrona que la ha acompañado durante esas últimas horas; que pueda parir en la posición que ella misma escoja; y que desea estar en contacto piel con piel con su futuro hijo desde el primer momento.

El plan, por lo tanto, recoge las expectativas de madres muy bien informadas sobre las evidencias científicas que avalan la Estrategia de Atención al Parto. Lo ideal es que dicho plan se presente al equipo que las atienda en el hospital y se discuta, porque es probable que en muchos casos pueda cumplirse a rajatabla, pero en otros la evolución del parto obligue a los profesionales a tomar decisiones no recogidas en el documento.

LAS EXPECTATIVAS

Cada vez es más habitual —así lo hacemos en el hospital donde trabajo— que se pregunte a las madres cómo les ha ido el parto. En general, están contentas; cansadas, pero contentas.

El cansancio es normal. El gasto energético durante el parto se compara con que tiene lugar al correr una maratón. Y los que corren la maratón se entrenan.

Sea como sea, no siempre se cumplen las expectativas de la mujer. Algunas madres transmiten su frustración ante un parto demasiado largo —horas y horas de dilatación—, sobre todo si ha sido provocado —contracciones inducidas por medicación administrada que son más intensas y seguidas que las naturales—, ante un expulsivo tormentoso en el que el bebé ha nacido ayudado por unos fórceps o una ventosa o ante una cesárea que no deseaban, sobre todo, si han tenido que separarse de sus hijos durante unas horas.

Es difícil tener expectativas realistas. Lo es incluso para madres conocedoras del tema —como enfermeras, médicas, pediatras y obstetras—. De ahí la importancia de estar lo mejor informada posible y ponerse en manos de profesionales que cuenten con toda su confianza, tanto en su capacidad como profesionales como para poderles expresar sus deseos, sentimientos y temores más íntimos.

LA CESÁREA

Una serie de circunstancias pueden indicar el parto por cesárea. En algunas ocasiones porque, tras varias horas de contracciones, el bebé no consigue descender y coronar. En otras, porque él o la madre están en peligro. En ambos casos, el parto se ha puesto en marcha y uno y otro han experimentado una serie de contracciones uterinas —los médicos decimos que ha habido «trabajo de parto»—.

En la mayoría de estos casos, practicar una cesárea evita males mayores. Todos los obstetras y neonatólogos hemos vivido situaciones en las que la cesárea urgente ha salvado la vida de la madre y/o de su hijo. Muchas, pese a ser conscientes de que la cesárea ha sido inevitable, no dejan de sentir frustración si lo que deseaban era culminar por ellas mismas un parto vaginal.

Y no solo frustración, algunas podrían experimentar una depresión posparto y otras, síntomas compatibles con estrés postraumático. Ambos estados —junto con dolor derivado de la misma intervención quirúrgica— no facilitan que la madre se vincule a su hijo ni que lo amamante. Sin embargo, si ha habido trabajo de parto, el bebé nacerá en alerta tranquila, le será más fácil hacer la primera respiración y su actitud será similar a la del nacido por parto vaginal. Ayuda mucho que madre e hijo disfruten de horas de contacto piel con piel, ya sea nada más nacer o a partir del momento en que la mujer esté en condiciones de practicarlo.

En otras ocasiones se realiza una cesárea programada, indicada por el obstetra. Se escoge el momento de efectuarla sin que la madre haya experimentado contracción alguna. En estos casos la mujer no se siente frustrada, pero el feto, al no recibir estimulación cutánea alguna, nace dormido, por lo que no reclama el pecho y no se muestra hábil para mamar. Cuanto más cerca de la semana cuarenta se practica, más normal es el comportamiento del recién nacido.

4
SU PRIMER ABRAZO

Tu hijo nace preparado. Estaba en aquel mundo oscuro y húmedo, caliente, alimentado y protegido. Cada vez más estrecho y, seguramente, en las últimas semanas, cabeza abajo. Y de repente, la matriz, que había sido su confortable hogar, empieza a contraerse, y con cada contracción se produce una estimulación que le dispone para lo que está por venir.

Sus órganos se activan, tanto el sistema digestivo como el circulatorio y el respiratorio. Las contracciones le estresan, y como respuesta a esa tensión, empieza a segregar noradrenalina, una hormona muy similar a la adrenalina, que actúa en el cerebro. Esta alcanzará unos niveles hasta cincuenta veces más altos que en reposo. Jamás en la vida, después de este momento, el ser humano experimenta niveles tan altos de esa hormona. La elevada concentración de noradrenalina hace despertar al cerebro dormido que estaba en estado letárgico, porque al nacer ha de estar en alerta, con los ojos bien abiertos, pendiente de lo que pasa a su alrededor.

Después, lo más lógico, es que el recién nacido acabe boca abajo, entre los pechos de la madre, en contacto piel con piel. Uno y otro estarán cansados, pero en alerta. Los primeros minutos el bebé permanecerá en calma, quieto, como situándose. Ha de respirar, ha de recuperar su temperatura, ha de reducir su nivel de estrés; en definitiva, ha de darse cuenta de que está donde debe estar.

Lo que tu hijo necesita

El lugar mejor del mundo para tu hijo, el más adecuado, el que está específicamente diseñado para su supervivencia, es tu cuerpo. Allí se siente protegido, está a la misma temperatura que en el útero y tiene el alimento al alcance de su mano —o mejor, de su boca—. Además, conoce tu olor, porque ya hemos dicho que cuando se encontraba en tu vientre las fosas nasales estaban bañadas por el líquido amniótico.

Pero también porque ahora está sobre tu corazón, el mismo que ha oído latir una y otra vez, un diapasón que contribuye eficazmente a calmarle.

Si le hablas se tranquilizará aún más porque conoce tu voz desde antes de nacer. Verás que de repente empieza a chuparse el puño —está húmedo, mojado del líquido amniótico—, abriendo mucho la boca. Resulta que la noradrenalina activa también una zona de su cerebro, la amígdala, que es la responsable de que una vez en el exterior reconozca tu olor; así que huele su puño, huele tu piel y es plenamente consciente de que está donde debe estar. Notarás que se va tranquilizando porque no llora y mantiene sus ojos abiertos.

LO QUE TU HIJO HARÁ

Si con una de las manos haces tope en sus pies, tiende desplazarse, a reptar y a moverse hacia el pecho. Aunque los movimientos parecen rudos, el proceso es lento, porque hace pausas largas entre ellos. Mueve los pies, los brazos y las piernas para acercarse, pero también lame la piel de la madre y vuelve a chuparse el puño.

La mayoría de los bebés tardan hasta sesenta minutos en alcanzar el pecho de la madre por sus propios medios. Y lo logran aunque estén en penumbra, ya que lo distinguen también por su olor. Esta parsimonia es una actitud innata que si se interrumpe, les enfada y les detiene bruscamente. No en vano están poniendo en marcha unos veinte reflejos.

Es fundamental permitir que sea él mismo quien lo logre: lo hará cuando esté preparado, porque irá abriendo la boca y probando si alcanza el pezón y si consigue abarcar la areola. Es posible que antes clave sus enormes ojos abiertos en la cara de la madre, porque de cerca es ya capaz de ver. Si antes de nacer la conocía por el olor y por la voz, a partir de ahora la reconocerá también por la cara.

EL FLECHAZO

Los bebés no pueden decir lo que sienten sobre su madre, piel con piel, nada más nacer. Pero sabemos describir cómo se comportan y conocemos los procesos que tienen lugar en su cuerpo y en su cerebro. Vemos que, tras mamar durante bastante tiempo, se duermen tranquilos, satisfechos y felices.

La madre, a pesar de lo agotada que está, como hemos dicho, tras las horas de contracciones, tras el esfuerzo final del expulsivo, rodea a su hijo entre sus brazos, le mira, le acaricia... y se enamora profundamente de él. Las mujeres hablan de una sensación maravillosa, de un momento único y de que el parto «ha valido la pena».

Cada movimiento, las lengüetadas en la piel, ese íntimo contacto entre ambos da lugar a que la mujer segregue mucha oxitocina de golpe. Esta es una hormona que tiene varios efectos: contrae la matriz durante el parto y favorece la salida de la leche desde los alvéolos lactíferos del pecho hasta el exterior. Pero es también la hormona que segregamos cuando nos sentimos bien, por ejemplo, tras una cena agradable en buena compañía, cuando nos abrazan y, por su puesto, durante el orgasmo. Se atribuye a la oxitocina el comportamiento maternal de las madres mamíferas. En ese prolongado primer abrazo del hijo, la mujer está bañada en esa hormona.

El bebé no nace con hambre porque se ha alimentado a través del ombligo hasta el último momento. Este comportamiento innato descrito, por lo tanto, no tiene como objetivo único comer, sino que la madre se enamore de él. Es lo que se llama el vínculo afectivo madre-hijo, que se establece en un momento concreto y dura toda la vida.

PIEL CON PIEL SI OS SEPARAN

Si el bebé nace por cesárea, es muy probable que sea el padre el primero en tener contacto con él. Se suele hacer así para que el recién nacido disfrute al menos de la conexión con uno de los dos progenitores. No llorará tanto, se sentirá mejor que si estuviese separado de ambos y pondrá todos sus reflejos en marcha y hasta es posible que acabe por succionar el pezón paterno —«¡Se me ha agarrado al pezón!», ha clamado algún hombre con sorpresa aún en el paritorio—.

Practicar piel con piel permite también a los padres relacionarse de un modo especial con sus bebés, a pesar de que los hombres no estamos tan predispuestos a vincularnos con nuestros hijos; sin embargo, durante ese primer contacto nosotros también segregamos oxitocina, lo que posibilita esta unión tan importante.

Si no hay pareja y es precisa la cesárea, es conveniente que alguien de plena confianza materna pueda cobijar al recién nacido durante los primeros minutos. Recuerdo a una abuela disfrutar de esos momentos y al bebé buscar su pecho. «Déjelo. Se le ve tan a gustito...», sonreía la abuela cuando su nieto llegó a agarrarse.

Si, por lo que sea, tu hijo tiene que ser separado precozmente de ti, aún hay tiempo para que se establezca el vínculo madre-hijo. Es conveniente que, en cuanto sea posible, le abraces. Porque cada vez que disfrutéis del contacto piel con piel, aunque no sea inmediatamente tras el parto, segregarás oxitocina y tu hijo pondrá todas sus habilidades en marcha para agarrarse a tu pecho y para acabar mirándote a los ojos. Cada vez, durante los primeros meses. Y lo mismo, con el padre.

SI NO LE VAS A AMAMANTAR

Si has decidido que no le vas a dar el pecho, también te ofrecerán la posibilidad de que disfrutes del contacto piel con piel con tu hijo. Tu hijo no sabe que no le darás el pecho. Sobre ti se tranquilizará, reptará, lamerá y se dirigirá hacia uno de tus dos pechos. Tan lentamente como hemos descrito. Su comportamiento va dirigido a enamorarte, para que una vez vinculada a él, le cuides de forma incondicional. Su vida depende de ti, de que le protejas, le calientes y le alimentes. Si se agarra al pecho puedes dejar que succione y se tranquilice aún más. Eso no complicará la supresión de la lactancia. Pero si no lo deseas, es conveniente que le permitas succionar su puño o tu dedo. Una vez tranquilo, succionando, ladeará la cabeza y te mirará.

El contacto piel con piel es tan importante y tiene tantos beneficios que le dedicaremos un capítulo entero a ello más adelante.

5
HA NACIDO PREMATURO

Hasta un diez por ciento de los niños de nuestro país nacen prematuros. Es cada vez más frecuente porque se ha retrasado la edad en la que las mujeres son madres y por el aumento de embarazos asistidos y, por lo tanto, de gestaciones gemelares o múltiples.

Es una situación que no contemplabas cuando decidisteis tener un hijo. Esperabas, como la mayoría de las mujeres, que el embarazo durara unos nueve meses. Sabías que durante el embarazo podías encontrarte bien o, como máximo, tener que vigilar tu dieta o sufrir náuseas y vómitos. Esperabas sentirte más o menos ágil los primeros seis meses y hacer compatible tu embarazo con tu vida profesional y social. Imaginabas que los últimos meses, como te sentirías pesada y más torpe, estarías deseando que tu hijo naciera ya.

Sin embargo, en algunas ocasiones el bebé nace antes de tiempo de forma inesperada y brusca a pesar de que el embarazo transcurría sin incidencias. Nada hacía indicar que sucedería tan pronto. La interrupción a los cinco-siete meses del embarazo coge a la madre, a su pareja y a la familia desprevenidas, y todas las expectativas de tener en brazos a un bebé de unos tres kilos nada más parir y de disfrutarlo se truncan repentinamente.

En otras, por el contrario, la madre ha empezado a tener síntomas de que podría nacer antes de tiempo; tal vez ha roto aguas, ha habido pérdidas de sangre o contracciones prematuras. Su obstetra le indicará en este caso reposo en cama o, con frecuencia, ingreso hospitalario. La madre, como es natural, se sentirá asustada y muy preocupada. Hablará con su obstetra y con el pediatra y empezará a saber algo del desconocido y complicado mundo de los bebés prematuros.

Comenzará a ser consciente de las pocas semanas que lleva su hijo formándose en su interior y a temer que no sea capaz de cobijarle y retenerle durante mucho más tiempo. Si el reposo da resultado, los días pasarán muy lentamente, por lo que necesitará apoyarse en su pareja y su familia para tener la fuerza y el ánimo que precisa para seguir adelante.

Resulta muy duro permanecer en reposo absoluto día tras día, a pesar de saber que con cada semana que el bebé continúa dentro de ella mejora su pronóstico. Por eso es bueno felicitarla y animarla.

Muchas mujeres se sienten culpables, como si llevar el embarazo hasta el final solo dependiera de ellas. No me sorprende, porque las madres sois tremendamente duras con vosotras mismas y os responsabilizáis de todo—. Sin embargo, has de saber que la inmensa mayoría de los partos prematuros ocurren por causas inevitables.

Tal vez se trate de un embarazo múltiple, generalmente de gemelos. Este tipo de embarazo, además de ser muy pesado, está mucho más vigilado por el obstetra, por lo que las mujeres que esperáis gemelos ya sabéis que es más probable que nazcan prematuros. Así que es posible que os hayan informado de todo lo que conlleva esa posibilidad. No solo serán dos, sino que es probable que sean prematuros.

EL PARTO PREMATURO

Ninguna madre desea dar a luz antes de tiempo. No es algo que llega cuando toca, cuando a ella le parece que no va a poder aguantar más sin parir. Tanto si se ha desencadenado bruscamente como si hacía semanas que lo temías, no querías parir en ese momento. Sentirás el miedo normal por el parto y la enorme preocupación por el estado de tu hijo. Cuantas menos semanas lleves de embarazo, más preocupada estarás.

Cuando nazca, con suerte, te lo enseñarán un instante para que lo veas; pero, si es muy prematuro, necesitará ser atendido por los pediatras desde el primer momento. Y después lo ingresarán en la unidad neonatal. No verle, no haberle abrazado, no disfrutar del contacto piel con piel juntos y estar alejado de él contribuirá a que te sientas más preocupada.

Es muy probable que, como hemos comentado, los padres de un bebé prematuro experimentéis preocupación, miedo y culpa y es posible que, incluso, sintáis un rechazo cuando lo veáis. Los psicólogos han llamado duelo anticipatorio a ese cóctel de sentimientos. Se trata de un duelo porque sufriréis la pérdida del bebé que imaginabais, del bebé soñado. De ahí el posible rechazo que sentiréis cuando lo veáis, porque es muy diferente a un bebé de tres kilos. Si habéis tenido un hijo muy prematuro, tendréis que pasar por cada una de las fases del duelo, tendréis que elaborar vuestro duelo durante los meses en que vuestro hijo esté ingresado en la unidad neonatal.

Cuanto más prematuro sea, más delicado estará. Los menores de veintiocho-veintinueve semanas tienen más probabilidades de tener complicaciones; son bebés muy inestables. De modo que cada día entraréis en la unidad neonatal temiendo noticias adversas. Al estar en pleno duelo, es más difícil que podáis asimilar toda la información que os den los pediatras, sobre todo si son noticias adversas. Es bueno que preguntéis siempre que os quedéis con dudas.

Es muy difícil convivir con sentimientos tan fuertes y ambivalentes como el amor por un hijo y el rechazo; como el duelo por la pérdida del bebé soñado y la alegría por su nacimiento; como la culpa y el miedo a lo desconocido y el deseo de tenerlo entre los brazos.

Tu hijo prematuro

El cuerpo, los órganos y los sentidos de vuestro hijo prematuro están en un nivel de desarrollo poco adecuado para la vida extrauterina, pero totalmente adaptados al ambiente húmedo, oscuro, silencioso, caliente, con el olor materno y la alimentación continua que es el útero. En condiciones normales, le faltarían varias semanas para nacer. Hasta entonces, cada uno de sus órganos y de sus sentidos iría madurando progresivamente.

Sabemos que el tacto es el primer sentido que se desarrolla —hacia el quinto mes de embarazo—, seguido del oído, del gusto y del olfato y, finalmente, de la vista. El feto se habitúa a la voz y al olor de la madre —ya hemos dicho que el líquido amniótico de cada madre huele exclusivamente a ella—, y también se acostumbra al sabor de los alimentos que la embrazada ingiere —según lo que coma la madre, el sabor y olor del líquido amniótico cambia—.

Los párpados pasan de estar sellados —y ser muy finos— a abrirse poco a poco. La pared abdominal y el útero maternos tamizan la luz que llega al feto y amortiguan los ruidos del exterior, permitiendo una estimulación adecuada de los órganos que están empezando a madurar.

Su intestino no está preparado para recibir alimento alguno; sus pulmones no tienen que respirar —obtiene el oxígeno de la sangre que le llega a través del ombligo—; su piel está permanentemente húmeda y caliente, no tiene que gastar energía para mantener la temperatura; su sistema defensivo permanece aletargado, ya que en el vientre materno está alejado y a salvo de posibles infecciones; su riñón funciona sin estar sometido a sobrecarga alguna y su sistema circulatorio está adaptado a la vida intrauterina… Sin embargo, y a pesar de los riesgos de la falta de desarrollo y de no estar listo, nace.

Si, como hemos dicho, el recién nacido humano es uno de los seres más dependiente de la naturaleza —sin su madre moriría—, el recién nacido humano prematuro es todavía más indefenso y más frágil.

LA UNIDAD NEONATAL

Pocos minutos después de nacer, vuestro pequeño hijo prematuro ingresará en la unidad neonatal. Con suerte, ya habíais visitado la unidad y conocíais a los pediatras que atenderán a vuestro hijo. Pero es probable que os impresione cuando entréis a verle por primera vez.

Los adelantos en neonatología han conseguido reducir significativamente la mortalidad en los prematuros, sobre todo en los países desarrollados. Hoy día el estado de estos niños deja de ser crítico en poco tiempo, a pesar de que deban seguir estando ingresados durante semanas o meses en estas unidades hospitalarias.

Ahora se mantienen las salas en penumbra con poca luz y en el mayor silencio posible. También las incubadoras están tapadas para impedir que la luz llegue al prematuro y para amortiguar los ruidos ambientales. Además, se les coloca de lado o boca abajo, contenidos por unos «nidos» que impiden el movimiento libre de sus extremidades. Es lo más parecido a lo que ocurriría en el vientre materno.

Os animarán a que traigáis objetos de vuestro hijo y a que dejéis en la incubadora los empapadores de lactancia de la madre, para que vuestro hijo prematuro pueda olerlos y tranquilizarse en vuestra ausencia. Y, por supuesto, a que entréis en la unidad para cuidarle.

¡PUEDES ABRAZARLE! EL MÉTODO CANGURO

Es probable que hayas oído hablar del método canguro, del canguro o de los cuidados canguro. Fue en 1979 en Colombia, cuando los doctores Rey y Martínez, que trabajaban en el hospital de San Juan de Dios de Bogotá, idearon un novedoso programa para el cuidado de los niños prematuros. Se basaba en colocar al bebé entre los pechos maternos —piel con piel— y alimentarle con su propia leche. Se dieron cuenta de que se le podía dar el alta mucho antes y de los beneficios, no solo físicos, que conllevaba.

Cuando te lo coloquen desnudo sobre el tórax, se estimulará en tu hijo el recuerdo de sus placenteras experiencias intrauterinas —el sonido de tu corazón, el movimiento continuo de tu tórax, las características de tu voz, tu olor, tu temperatura corporal—, que lo tranquilizarán. Le abrazarás, le mirarás y sentirás deseos de abrazarle, acariciarle y hablarle y así, sin ser consciente de ello, comenzarás a estimular todos sus sentidos del modo más agradable y adecuado para él. El contacto será muy íntimo y emotivo.

Durante el canguro, las constantes de vuestro hijo permanecen normales, la temperatura es estable, la respiración se hace regular y profunda y la frecuencia cardíaca se estabiliza o aumenta ligeramente. Vuestro hijo estará relajado —con las manos abiertas— y tan a gusto que normalmente estará dormido. Si está despierto, lo encontrarás en alerta tranquilla, mirando a su alrededor e, incluso, esbozando una sonrisa. Cuanto más practiquéis el método de la madre canguro, más seguros y más partícipes en sus cuidados os sentiréis. Es probable que al poco de colocártelo piel con piel veas aparecer gotas de calostro en tus pezones, porque el método canguro hace que segregues oxitocina y facilitará que le des tu leche.

La primera vez que practiquéis el canguro con vuestro pequeño hijo será muy especial. Todavía no os hacéis a la idea de que ese pequeñísimo bebé es vuestro hijo, lo veis muy frágil, tenéis la sensación de que necesita estar en la incubadora para que no se enfríe y no le pase nada malo. No lo habéis tocado y tal vez os dé respeto o miedo hacerlo. Os ayudarán a colocarlo piel con piel sobre vuestro tórax, notaréis su calor y su fragilidad y percibiréis aún más lo pequeño que es. Pero empezaréis a sentirlo vuestro, y notaréis como vuestros miedos y angustias se reducen. Notaréis lo a gusto que está sobre vosotros y eso os relajará. Hay un antes y un después de la primera vez que se hace el canguro.

A lo mejor tu hijo prematuro ha nacido más allá de las treinta y cuatro semanas y está contigo en la maternidad. Todos los prematuros se benefician del canguro, no solo los que quedan ingresados en las UCI de neonatología. Tu hijo también tiene dificultades para regular su temperatura, lo que hace que consuma mucha energía. En contacto piel con piel contigo o con su padre, sus manos y sus pies estarán más calientes, estará mucho más relajado y le será mucho más fácil, cuando tenga hambre, acceder al pecho para mamar. A los pocos días marchará a vuestro domicilio, con vosotros. Pero seguirá siendo prematuro y necesitará el canguro hasta que muestre que ya no le hace falta, cuando en contacto piel con piel esté incómodo o sudoroso. Una faja de licra de algodón o un «buff» os permitirá tener a vuestro hijo en contacto piel con piel sin necesidad de abrazarle, lo que os facilitará muchas horas de canguro.

¡Necesita tu leche!

Así es. Un bebé muy prematuro debería seguir siendo alimentado a través del cordón umbilical, pues su sistema digestivo no está preparado aún para recibir casi ningún alimento. Se ha constatado que el único que toleran es la leche materna —o leche de banco—. Además, los alimentados de esta forma tienen menos probabilidades de padecer enfermedades tan graves para ellos como la enterocolitis necrosante y las infecciones intrahospitalarias; y tienen una mejor función de su retina y mayor desarrollo cognitivo.

Así que te pedirán que le des tu leche, porque tu hijo la necesitará. Pero tu hijo no sabe mamar, no tiene la maduración necesaria para agarrarse al pecho y succionar tu leche. Entrarás en el mundo de los sacaleches. Sacaleches al lado de la incubadora de tu hijo y sacaleches en tu domicilio. Aunque hay madres que prefieren extraerse la leche manualmente porque les resulta más fácil. En la unidad neonatal te explicarán cómo hacerlo.

Es probable que al principio, pese a ponerte el sacaleches cada tres horas —o hacerte el masaje manual—, no salgan apenas gotas de calostro de las mamas. Esto te agobiará. Pero es normal que ocurra así. Con el paso de las horas y los días obtendrás más cantidad. Es tan importante esa leche para tu hijo que la consideramos como una medicina. Esas pocas gotas de calostro que empieces a obtener le serán administradas a tu hijo. Si necesita más, siempre que estéis de acuerdo, le administrarán leche de banco.

Si te sacas la leche tras el canguro, verás como obtienes más. Si lo haces al lado de la incubadora, también. Cuando lo hagas en casa, te ayudará crear un ambiente relajante, con la música que te guste, con una fotografía de tu hijo —o mejor, con una foto de ambos en canguro—. Es importante extraerse la leche cada tres horas, pero ponerse el sacaleches durante no más de diez o quince minutos por pecho.

Tu hijo necesitará más tiempo para mamar. Cuanto más canguro hagáis, antes apreciarás cuándo está preparado para mamar. Porque se moverá hacia tu pecho y es posible que empiece a succionar. Primero, con timidez, muy suavemente; pero con los días con mayor eficacia. Succionará pocas veces, se cansará, hará largas pausas y volverá a succionar otras pocas veces más.

VÍNCULO MADRE-HIJO PREMATURO

Los primeros estudios sobre el vínculo madre-hijo prematuro se hicieron cuando se evidenció que la tercera parte de estos bebés —que por aquellos años permanecían en las UCI neonatales separados de sus madres durante meses— eran víctimas de malos tratos y/o sufrían un retraso importante de crecimiento y desarrollo. Fue entonces cuando relacionaron tan prolongada separación con la falta de establecimiento del vínculo entre madre e hijo.

Hace años, una paciente que había tenido una hija muy prematura y que había permanecido ingresada dos meses en un hospital de nuestro país, en una época en la que los padres apenas tenían contacto con sus bebés ingresados, me dijo, con lágrimas en los ojos, que cuando le dieron el alta y se la llevaron a casa, era plenamente consciente de que si alguien se la hubiese «llevado», no le hubiera importado nada.

La separación impide el contacto precoz que, como hemos visto, es el momento en que madre e hijo están especialmente preparados para el establecimiento del vínculo. El duelo anticipatorio hace que los padres sufran un bloqueo emocional durante los meses en que sus hijos están ingresados en la UCI neonatal. Por suerte, la política de puertas abiertas, tu incorporación en el cuidado de tu hijo y la práctica del canguro te facilitarán este vínculo.

¡POR FIN FUERA DEL HOSPITAL!

Una vez en el hogar, a los padres de los bebés prematuros les es mucho más fácil la crianza de separación que la basada en el contacto físico, porque les dan la comida cada tres horas rígidas —como en el hospital—, porque no pocos prematuros salen tomando leche —materna, artificial o ambas— en biberón y porque sus hijos se han acostumbrado a no llorar —muchos de ellos son bebés con un déficit de cariño maternal—.

Es muy importante que lo tengas encima lo más a menudo posible ya en el hospital, pero también en casa. Puede que al principio se sienta incómodo con el contacto materno continuado y hasta llore cuando le cojas; pero poco a poco apreciarás los beneficios y el efecto balsámico de tus caricias. Entonces, tu hijo estará feliz en brazos y llorará en la cuna.

Tenemos que reparar la herida emocional que tanto tu hijo como tú habéis sufrido. Todavía estamos a tiempo: hay muchos meses por delante para que se establezca una relación de apego seguro entre vuestro hijo y tú y su padre.

6
VAMOS A TENER GEMELOS

Lo más frecuente es que la mujer tenga un solo hijo en cada embarazo. Los embarazos múltiples naturales son poco corrientes: uno cada ochenta embarazos son gemelares —o de mellizos—, uno de seis mil cuatrocientos son trillizos y uno de cincuenta y dos mil son cuatrillizos.

La mayor edad materna, haber tenido mellizos anteriormente y la historia de mellizos en la familia aumentan la probabilidad de un embarazo gemelar. En la actualidad, a causa del aumento de la edad de la mujer embarazada y de las técnicas de reproducción asistida se ha doblado la incidencia de embarazos múltiples.

En el lenguaje común se distingue entre gemelos y mellizos. Los primeros serían los idénticos. Y son idénticos porque proceden de la fecundación de un único óvulo por un único espermatozoide, con lo cual comparten los mismos genes. Este embrión común se divide en dos en una fase temprana. Los llamados univitelinos comparten, además de los mismos cromosomas, el saco amniótico y la placenta; pero es posible que tengan distinta placenta y saco amniótico si la separación embrionaria se da a partir del día diez de gestación.

Los mellizos proceden de dos óvulos fecundados por dos espermatozoides; por lo tanto, son dos hermanos distintos que han sido concebidos al mismo tiempo y han crecido juntos en la misma gestación.

EMBARAZO GEMELAR

Te has enterado de que esperas gemelos. Te lo han dicho en la ecografía. Ya estabas contenta con tu embarazo, pero gemelos… O bien, te han implantado dos óvulos fecundados y han prendido los dos. Llevas tanto tiempo deseando tener hijos que no te importa. Incluso piensas que mejor así.

Nuestros primeros hijos son gemelos. Mejor dicho, mellizos, ya que son de diferentes placentas. Marta y yo nos impresionamos mucho cuando la obstetra nos lo comunicó mientras hacía la ecografía a Marta. «El padre se ha puesto pálido», dijo.

Una pareja que espera gemelos puede sentir alegría por la noticia y, al mismo tiempo, preocupación por cómo será el parto, por si nacerán prematuros, por cómo se van a apañar para «subirlos» a ambos a la vez, por si serán capaces de amamantarlos…

La probabilidad de que los gemelos nazcan prematuros es mayor que en embarazos únicos; y es casi seguro que los trillizos nazcan antes de tiempo. Además, es más probable que el parto sea instrumentado o acabe en cesárea.

El embarazo será más controlado, se harán más ecografías. Los últimos meses el volumen del abdomen aumentará mucho y te sentirás muy pesada. Te recomendarán que hagas reposo.

Si los fetos son grandes y el embarazo progresa hasta la semana cuarenta, tendrás la sensación de que caben con dificultad en el interior de tu matriz.

AMAMANTAR A GEMELOS

Exactamente igual que para el resto de recién nacidos y sus madres, la lactancia materna es muy beneficiosa para tus gemelos y para ti. Amamantar a gemelos es más complicado, sin duda; pero las mujeres sois capaces de producir leche para dos hijos a la vez. La dificultad no estriba en que se queden con hambre mamando de un solo pecho cada uno, sino en la ayuda que necesitarás para colocarlos al pecho y cuidarlos. Aunque lo mismo pasa si les das el biberón.

En nuestra experiencia, comparadas con las mujeres que esperan un solo hijo, son muchas las madres de gemelos que deciden de entrada alimentarles con biberón o con pecho y biberón. Creen que el biberón se lo puede dar otra persona y que así descargan trabajo. El apoyo de la pareja y la familia debería centrarse en hacerse cargo de la intendencia de la casa, en tomar en brazos a los bebés cuando lo necesites, en ayudarte a colocarlos a ambos a la vez al pecho y en animarte y felicitarte por el mérito que tiene amamantar a dos hijos a la vez.

Si maman ambos a la vez, la toma al pecho se hará tan corta como si solo hubieras tenido un bebé. Los primeros días es preferible ponerlos al pecho uno después del otro y conocer cómo se comportan y la facilidad que tienen para el agarre y la succión. Posteriormente, se pueden empezar a colocar al pecho de manera simultánea; primero, al que más le cuesta el agarre y en segundo lugar, al otro.

Amamantar a gemelos no es tarea fácil. Si muchas mujeres necesitan apoyo para amamantar, tú, como madre de gemelos, lo necesitarás mucho más. Acudir a un grupo de apoyo a la lactancia o a un taller de lactancia te facilitará las cosas. Te ayudarán a colocarlos al pecho, aprenderás la mejor posición para que mamen de forma eficaz, trabajaréis diferentes posiciones para que mamen simultáneamente. Y, sobre todo, podrás compartir tus sentimientos con otras madres.

DIFERENTES TEMPERAMENTOS

Si nacen a término, más allá de la semana treinta y siete de gestación, cada uno de ellos actuará a su manera, con su temperamento particular. Uno puede ser un bello durmiente y el otro, un barracuda; o ambos, hiperdemandantes. Sea como sea, dos recién nacidos dan mucho trabajo. Las madres de gemelos solo tienen tiempo para sus dos hijos y están deseando que alguien les ayude —la pareja, algún familiar— para dejarle a uno y encargarse de uno solo «como una madre normal».

HAN NACIDO PREMATUROS

Si nacen antes de tiempo, el cuidado de los gemelos y el amamantamiento se complican. Muchos serán prematuros tardíos —y, por lo tanto, dormilones a quienes cuesta reclamar el pecho y hacer succiones efectivas— y otros, prematuros más pequeños. Cuanto más inmaduro es el bebé, mayor importancia cobra que se alimenten con leche de su madre.

CRIAR A GEMELOS

Vivíamos en Barcelona, una ciudad en la que nadie te mira por la calle. Sin embargo, Marta me contaba que cuando paseaba a nuestros hijos en el cochecito la abordaban mujeres que habían vivido la misma experiencia. Algunas la recordaban con horror.

Si cuidar a un hijo supone una montaña para una madre reciente, cuidar a dos se te antojará un reto muy complicado. Con la preocupación maternal primaria a flor de piel, con ese estado de pura emoción tan habitual durante las primeras semanas, te parecerá todo muy difícil. Cuando hablamos con madres que acaban de tener gemelos les subrayamos que van a necesitar mucha ayuda.

Si os incliáis por la crianza natural, comprobaréis que es más difícil tenerlos en brazos o en porteo y dormir con ambos. En más de una ocasión, os será imposible atender a uno de los dos porque estaréis ocupados con el otro. Y os preocuparéis. De nuevo es conveniente que dispongáis de ayuda.

COMPARTEN Y JUEGAN

Por otro lado, los gemelos están acostumbrados a compartir desde el principio, seguramente desde antes de nacer. Comparten con su hermano a su madre, a su padre, al resto de la familia, los juguetes, el ambiente…

Así como los primeros meses dan mucho trabajo y es necesario que alguien ayude a los padres, a partir de los seis o siete meses se distraerán juntos. Compartirán los juegos y disfrutarán jugando juntos. No todos los niños tienen la suerte de contar con un compañero de juegos cada día en su casa.

Es infrecuente que se tengan celos. Se buscan y van construyendo poco a poco una estrecha complicidad que permanecerá toda la vida.

Por todo ello, un buen amigo, psiquiatra infantil, me decía: «Todos los primeros hijos tendrían que ser gemelos».

7
CÓMO ES MI HIJO

HABILIDADES, SENTIMIENTOS Y EMOCIONES

Suelo preguntar a los estudiantes de medicina cómo se comporta un bebé recién nacido y qué es capaz de hacer. La gran mayoría cree que apenas saben hacer nada, que se pasan el día durmiendo, llorando o comiendo; que solo saben hacer caca y pis; que no interaccionan con el ambiente y que para comunicarse con los demás, como todavía no saben hablar, lloran.

La mayoría de los adultos se lamentan porque los bebés no vienen con un libro de instrucciones, como cualquier electrodoméstico. Sí, en los idiomas más extendidos. Instrucciones para la puesta en marcha, para alimentarles, para dejarles en *stand-by,* para su mantenimiento, etc.

Te sorprenderá saber que, con los conocimientos actuales, sabemos que nacen con una serie de habilidades que les sirven para comunicarse emocionalmente con las personas que les cuidan, para enamorarlas y, así, ser amados de manera incondicional y sobrevivir.

ESTADOS DE CONCIENCIA

Podemos encontrar al bebé en cualquiera de los seis estados de conciencia que describiremos a continuación. En tres de ellos están dormidos.

DORMIDOS

Son verdaderos angelitos en este estado, pero, como veremos, hay varios niveles de sueño.

Sueño profundo

Su respiración es lenta, regular y profunda, y apenas mueven músculo alguno. Cuando están durmiendo así es muy difícil despertarlos. Duermen como fardos y, si los tomamos en brazos, parecen muñecos de trapo hasta que empiezan a espabilarse.

Sueño superficial

Durante esta fase —equivalente a la REM, o de movimiento rápido de los ojos— presentan respiraciones más irregulares y rápidas, meneos intermitentes de brazos, piernas o cabeza, y movimientos rápidos de ojos que se aprecian bajo sus párpados cerrados, y es mucho más fácil que se despierten. No es extraño verles sonreír o hacer muecas, porque en esta fase es cuando sueñan. Sí, sueñan, aunque no sabemos con qué.

Hace un tiempo un padre reciente y muy observador me comentó que estaba preocupado porque, según se dormía, su hijo o respiraba muy deprisa o mucho más despacio que cuando estaba despierto. Es normal, pues alternan una fase de sueño profundo con otra más superficial cada treinta minutos, alternancia muy importante para su correcto desarrollo neurológico.

Somnolientos

También pueden estar adormilados. Se les cierran los párpados y se puede ver cómo el globo ocular se desvía hacia arriba. Es una fase transitoria que puede observarse cuando acaban de despertar o cuando están a punto de dormirse. Cuando duermen no manifiestan habilidad alguna; necesitan dormir para liberar sus tensiones y crear nuevos circuitos entre las células de su cerebro —neuronas—.

DESPIERTOS: ALERTAS INQUIETA Y TRANQUILA

Los podemos ver despiertos, pero inquietos —alerta inquieta—, con los ojos abiertos y con movimientos irregulares y frecuentes de las extremidades y de la cabeza. Dan la sensación de estar incómodos, de que les falta poco para llorar, que suele ocurrir si no atendemos sus necesidades en ese momento. Les podemos encontrar incluso llorando. En ambas fases, pese a estar despiertos, no están receptivos. Son expresiones de distinto grado de estrés. Cuando lloran manifiestan su estrés, manifiestan que ya no pueden más y, si no son atendidos, sufren.

Ocasionalmente, y en periodos cortos de tiempo, podemos encontrar al recién nacido en alerta tranquila: con los ojos abiertos como platos, despierto, sin moverse apenas, pendiente de lo que pasa a su alrededor.

El bebé pasa de un estado de alerta inquieta al de llanto o al de alerta tranquila dependiendo del estímulo que reciba o de si sus necesidades son atendidas.

Tú, que eres su madre, tienes la capacidad de calmar su llanto y de que se quede tranquilo o de impedir que, si está inquieto, acabe llorando. Con solo tomarle en brazos o hablarle es muy probable que lo consigas. O si le ofreces el pecho. Muchas veces, con elevar un poco su cabeza y permitir que intercambie miradas contigo —o con su padre o incluso con cualquier otro cuidador—, tu hijo pasará de estar inquieto a estar tranquilo, a atender.

Hemos oído muchas veces que el llanto es la manera de comunicarse con nosotros, que es frecuente dejarles en la cunita o el cochecito y solo atenderles cuando lloran. Y no inmediatamente, «para que no se acostumbren» y porque «así ensanchan sus pulmones». Pero ahora sabemos que el llanto es el último recurso del cachorro humano. Es su forma de expresar un alto grado de estrés. Antes de llorar se pondrá intranquilo, nervioso; es decir, que manifestará su incomodidad en alerta inquieta.

En alerta tranquila el bebé manifiesta sus habilidades, habilidades que tiene ya de recién nacido, pero que no apreciamos hasta los dos meses de vida, cuando sus periodos de alerta tranquila son más prolongados. Por eso, los médicos sugerimos a los padres que disfruten de sus hijos cuando estén en este estado, y que si los ven en la cuna con los ojos abiertos, aprovechen para tomarlos en brazos, hablarles e intercambiar miradas.

QUÉ ES CAPAZ DE HACER

TOCAR, EL PODER DE LAS CARICIAS

Una parte muy importante de la comunicación del recién nacido con sus padres ocurre a través del tacto. El bebé dispone de unos cincuenta receptores del tacto por centímetro cuadrado de su piel —unos cinco millones en toda la piel—. Entre ellos hay receptores de la presión, del dolor, de la vibración y de los cambios de temperatura. Con solo tocarles pueden pasar de estar inquietos o llorar a estar tranquilos.

Cuando le tomes en brazos sentirá esa presión agradable, firme pero cariñosa, el calor de su madre, en definitiva, tu amor a través de la piel. Si estás nerviosa y preocupada, sus receptores de presión captarán tu tensión. Si por el contrario, estás relajada, también lo estarán tus músculos, lo que tranquilizará a tu hijo.

El tacto es un sistema de mensajes entre el bebé y sus padres. Las caricias suaves, como palmaditas lentas, ejercen un poderoso efecto calmante sobre el bebé inquieto. Las rápidas, estimulante si el bebé está tranquilo o adormilado. El padre tiende a tomar al niño en brazos con más vigor que la madre, y suele zarandearle suavemente, obteniendo una expresión de felicidad y de excitación en su pequeña cara.

En las manos y alrededor de la boca es donde más se concentran los receptores táctiles de los recién nacidos. Con frecuencia, verás que tu hijo se chupa los puños, se los mete casi enteros en la boca. Es posible que te digan que es porque pasa hambre o que mejor chupe el chupete; sin embargo, lo hace porque la succión con los labios —muy ricos en receptores táctiles— de su puño —también con muchos receptores por centímetro cuadrado— le calma. Succionar le relaja y contribuye a su bienestar, aunque es preferible que succione el pecho —que le calma incluso más— o en su defecto su puño, pero estando en tus brazos, en los de tu pareja o en los de algún cuidador.

Aunque no es muy hábil todavía, si cuando está en alerta tranquila te mira y acercas tu cara, verás que intentará, e incluso conseguirá, tocártela. Si acercas un dedo a su mano, te lo agarrará con fuerza —es el reflejo de prensión— y le gustará.

Si le rozas las mejillas, se girará hacia el estímulo abriendo mucho la boca —es el reflejo de búsqueda—, y, claro, succionará tu pecho con sus labios mientras sus manitas lo acarician y abrazan.

Todas las madres acarician la espalda de su hijo. Este intercambio de mensajes táctiles entre el cachorro humano y su madre —o su padre— se intensifica en contacto piel con piel. Es tan intenso y poderoso que consigue que su madre segregue oxitocina, hormona que le relaja, que le permite tranquilizar al bebé y le facilita enamorarse cada vez más de él.

SABOREAR, EL GUSTO POR LO DULCE

El recién nacido prefiere los sabores dulces, y es capaz de distinguir el del agua salada, el de la leche de vaca o el de la leche materna con solo succionar dos veces.

Durante el embarazo, el feto traga el líquido amniótico, cuyo sabor varía ligeramente según lo que coma la madre. Luego, el bebé se amamanta de su leche que es muy dulce, aunque sufre igualmente leves modificaciones dependiendo de lo que ella haya ingerido. Así, parece que el feto y luego el recién nacido y el lactante se van acostumbrando poco a poco a los sabores de la comidas habituales de su casa, las que se le ofrecerán cuando sea mayor.

OLER, UN OLFATO MUY FINO

El feto está bañado por el líquido amniótico, y no solo bañado, sino que este entra por sus fosas nasales y está en el árbol respiratorio y en el tubo digestivo. Sabemos que el líquido amniótico de cada embarazada huele a ella y solo a ella. El recién nacido tiene un olfato muy fino y conoce y distingue a su madre por este olor desde antes incluso de nacer. Y además, lo prefiere a cualquier otro. Pienso muchas veces en el error que cometíamos, sin saberlo, cuando les bañábamos a los pocos minutos de nacer y les perfumábamos con colonia.

En un estudio, Schaal comprobó que en las primeras horas, los recién nacidos prefieren el olor del líquido amniótico al del calostro materno, pero que, con el paso de los días, estas preferencias se invierten y la mayoría elige el olor del calostro al del líquido. Podríamos interpretar estos resultados como que los recién nacidos se inclinan por el olor del alimento que van a recibir. Repitieron el experimento con bebés que iban a ser alimentados con leche artificial y, sorprendentemente, las preferencias por el olor del líquido amniótico sobre el de la leche artificial persistieron invariables a lo largo de los días. Por lo tanto, con el paso de las horas, tu hijo elegirá el olor de tu calostro antes que el del líquido amniótico porque es el de su madre fuera del vientre, y porque a partir de entonces tú olerás así.

Les digo a las madres que ellas son una gran teta para sus hijos. No es nada malo; al contrario, el pecho es mucho más que alimento. Cuando necesiten también calor o protección, lo buscarán y se reconfortarán mamando. En aquellos interminables minutos en que parecerá nervioso, y mamará y volverá a mamar para tranquilizarse, si el padre lo toma en brazos, como no huele a leche, no buscará su pecho y se calmará con él.

ESCUCHAR, EL RECELO A LOS RUIDOS FUERTES

Los bebés cuentan con un oído muy fino. Tienen predilección por las voces agudas en general —por eso, cuando nos dirigimos a ellos, les solemos hablar con una voz más atiplada— y por las femeninas en particular. Las suaves les hacen explorar y buscar visualmente su fuente, pero se asustan, e incluso lloran, con los sonidos fuertes.

A varios recién nacidos en alerta tranquila les colocaron unos auriculares y una tetina con un sensor conectado a una radio, de la que podían oír dos sonidos diferentes. Cuando uno les gustaba, succionaban lenta y profundamente la tetina. En caso contrario, succionaban rápida y superficialmente, desplazando así el dial hasta encontrar otro que les agradara más. Así se comprobó que los bebés recién nacidos prefieren la música clásica a la moderna —preferencias que desaparecen durante la juventud y que regresan a edades más avanzadas— y que la voz humana era preferida a la música clásica, pero aún lo era más la de la madre. Finalmente, se dijo a varias gestantes que leyeran en voz alta un breve cuento todas las tardes durante el último trimestre del embarazo. Cuando nacieron sus hijos les sometieron al mismo estudio. Todos prefirieron la voz de su madre contando aquel cuento a cualquier otro sonido.

Algo parecido me relató una madre en la maternidad de mi hospital: al final del embarazo acostumbraba a canturrear alguna canción infantil —como *Sol solet,* un clásico catalán—, y luego comprobó que su hija se tranquilizaba precisamente cuando oía esa melodía. En efecto, los bebés reconocen a sus madres por sus voces y por sus olores, con los que ya tenían contacto antes de nacer.

La corteza cerebral del recién nacido humano está prácticamente inactiva. En ella radican las funciones más superiores del cerebro que el niño irá adquiriendo con el tiempo. Sin embargo, se ha comprobado que los bebés tienen activada el área de la corteza cerebral que les permite captar las emociones a través de la voz. Si les hablamos, no nos entienden, pero están muy atentos, pues perciben las emociones que transmitimos a través de la comunicación paraverbal, a través de nuestro tono de voz. Nos miran y nos escuchan. O nos oyen y buscan nuestra mirada para escucharnos mientras nos miran.

Reconozco que me encanta mirar a los recién nacidos y hablarles. Lo hago cada día —me dicen que los hipnotizo—. A los padres les sugiero que hagan lo mismo siempre que vean a sus hijos en alerta tranquila. A las madres no les cuesta nada, pero a ellos les resulta difícil saber qué tienen que decirles. Creen que es más importante el contenido verbal de su conversación que el emocional. Recuerdo incluso a uno preguntar a su hijo repetidamente cómo estaba, y quedarse callado como si esperase su respuesta.

MIRAR A UN PALMO DE DISTANCIA

En las conferencias suelo preguntar a la audiencia si los recién nacidos ven. La mayoría de las personas contestan que creen que no o que lo hacen muy mal. En verdad, esto es lo que se supuso durante muchos años. Las madres pensaban que sus hijos no veían y, en consecuencia, que cruzaban los ojos por ello. Esa respuesta parecía confirmar la idea.

Se ha comprobado, sin embargo, que al nacer ven muy bien entre los quince y cuarenta y cinco centímetros, justo la distancia que hay hasta la cara de sus madres cuando están mamando —muchas mujeres se dan cuenta en los primeros días de que sus hijos las miran mientras comen—. Se ha demostrado también que distinguen el rostro humano y que se fijan en nosotros si les miramos a los ojos.

Los recién nacidos son capaces de imitar la expresión facial e incluso de responder a un gesto de enfado con uno de preocupación. Les interesan las caras y las reconocen; tienen activada el área de la corteza cerebral que les permite captar las emociones a través de la mirada y son especialmente sensibles a la relación social a través de ella. Cuando nos observan, ven el contorno de nuestro rostro y clavan sus ojos en los nuestros; y si dejamos de mirarlos, ellos hacen lo mismo.

¿Has visto cómo es la mirada de tu hijo? Sus ojos son enormes y son todo pupila —en lenguaje no verbal se dice que miramos con la pupila grande cuando algo nos interesa mucho—. Además, apenas parpadea. Ahí está, quieto, examinándote fijamente; no le interesa nada más que tu cara y tu mirada. Y te mira porque tú le miras, porque busca tu protección y porque siente tu cariño a través de tus ojos. Sin saberlo, te seduce y enamora mientras te observa encandilado —aprovecho la ocasión para decir a las madres de los recién nacidos de mi hospital que miren a sus respectivos hijos porque están enamorados de ellas. Ya conozco la respuesta: «Y yo de él»—.

ES UNA PERSONA

Hay que decir en voz bien alta que los recién nacidos son personas. Y digo esto porque no se han considerado como tales durante mucho tiempo. Como no hablan, como no piensan, eran como animalitos. Y sus vidas no tenían el valor que tendrían cuando fueran mayores.

Hasta hace pocos años, la legislación española consideraba feto muerto al recién nacido fallecido antes de las veinticuatro horas de vida. Y hasta no hace mucho, se practicaban a los recién nacidos procedimientos potencialmente dolorosos sin aplicarles sedación o medida de confort alguna. Se asumía, sin pudor, que como su sistema nervioso no estaba maduro, no sentían dolor. Y si lloraban no era porque les doliera, sino porque tenían, como hemos dicho, que «expandir los pulmones».

Tu hijo recién nacido tiene, como hemos visto, sensaciones y emociones; es una persona. Es capaz de sentir bienestar y desesperación, frío y calor, hambre y saciedad, y de sentirse desprotegido o completamente seguro y querido. Él vive y siente solo el presente. No recuerda el pasado ni puede pensar en el futuro. Aunque no tiene pensamientos racionales, sí memoria emocional. Lo que siente, lo que vive día a día se almacena en un área de su cerebro emocional, el hipocampo. Cuando duerme, en la fase de sueño superficial, sueña —le verás sonreír o hacer muecas mientras lo hace—.

Tu hijo se siente bien o se siente mal, no tiene término medio. No es capaz de calmar su estrés o su angustia por sí mismo, no sabe autorregularse. Se trata, por lo tanto, de que esté bien, porque si no, está fatal y puede sufrir. Estar a gusto es el sentimiento básico adecuado para los bebés.

El mejor lugar del mundo, el lugar que cubre estas expectativas, donde va a sentirse a gusto, es tu cuerpo. Sobre ti puede satisfacer sus necesidades más básicas —calor, alimento y protección—, lo que contribuye adecuadamente a su desarrollo físico y emocional.

En contacto contigo piel con piel, reconoce tu aroma, oye el latido de tu corazón y se mantiene caliente; todo ello muy parecido a las sensaciones que percibía antes de nacer. No es extraño que muchos recién nacidos se tranquilicen y se duerman profundamente cuando los colocamos en contacto piel con piel. El segundo lugar mejor del mundo es el cuerpo de su padre. Si tiene hambre, mal asunto. Pero si no, allí se siente también protegido y calentito.

Si no le tienes en brazos, si no está en contacto contigo, con su padre o con otra persona que le cuide, no puede sentir que es algo transitorio, que enseguida volverá a estar en brazos —desconocen el después, viven en el eterno ahora— y el mundo se vuelve un lugar inhóspito. Algunos autores dicen que sienten peligro de muerte inminente. Y, entonces, romperá a llorar.

8
QUÉ ME OCURRE. YO NO SOY ASÍ

Muchas de las madres que atendemos en la maternidad o en las consultas de lactancia materna nos dicen, con lágrimas en los ojos, que aunque no lo parezca, ellas no son así.

Tras el parto y durante varias semanas experimentan emociones muy intensas que las sorprenden y les hacen sentir diferentes y menos capaces. Mujeres que, antes del embarazo, afrontaban situaciones complicadas con éxito y sin perder la compostura, lloran ahora con facilidad porque temen que su hijo no coma suficiente o por no saber por qué llora; y poco después se ríen de felicidad solo con mirarle a los ojos. Sienten el cuidado del recién nacido como una tarea enorme que las supera. Sienten la enorme responsabilidad que representa ser madre.

Su hijo acapara su atención y la monopoliza. El foco de atención de la madre reciente ya no es su pareja. Winnicott llamó a esta fase «preocupación maternal primaria» y apreció que cuanto más contacto tiene la madre con su hijo, más sensible se hace a sus señales y mayor es la intensidad de su respuesta hacia él.

Parece que todo empieza durante el embarazo y que tiene que ver con la oxitocina. Durante la gestación, la mujer segrega muchas hormonas, entre ellas esta —en esta etapa, a dosis bajas—, eso hace que, entre otras cosas, se creen receptores en lugares estratégicos del cerebro emocional. En el parto, la síntesis de la hormona es máxima, y después, en el contacto piel con piel, cada vez que se coge en brazos o se da el pecho al bebé se produce una descarga de esta sustancia. A la oxitocina se la considera la hormona del amor, la responsable del comportamiento maternal. Por eso, las mujeres, en el momento en que la sintetizan, experimentan una mezcla de emociones y sentimientos desconocidos para ella, pero perfectamente adecuados para el cuidado de su hijo.

Se ha comprobado que durante el embarazo cambia el cerebro de las mujeres. Se adelgaza la sustancia gris de las áreas del cerebro emocional relacionadas con la cognición social y con la habilidad humana de ponerse en el lugar de los demás, de anticiparse a sus intenciones, es decir, relacionadas con la empatía. Esas zonas de sustancia gris sufren una poda de conexiones para hacerse más eficientes, lo que da lugar a un aumento de la sensibilidad empática de la madre sin que ello suponga disminución alguna de su capacidad intelectual. Y se ha visto que esos cambios se mantienen durante al menos los dos primeros años del bebé.

Estudios recientes han mostrado, mediante resonancia magnética funcional cerebral, que después del parto se activan zonas específicas del cerebro emocional de la madre relacionadas con su respuesta a las necesidades de sus cachorros. Son las mismas zonas que se habían adelgazado ya. Por lo tanto, durante el embarazo se han afinado para mejorar su función y, tras el parto, como consecuencia de la descarga tan intensa y prolongada de oxitocina, se activan.

Están especialmente activados el córtex prefrontal, que integra toda la información que tiene que ver con tu hijo y que regula tu conducta maternal; el córtex parietal, que procesa la información somatosensorial relacionada con el bebé y, por lo tanto, te hace extraordinariamente sensible a sus caricias; el área preóptica medial de tu hipotálamo, que te permite reconocer a tu hijo por el olfato; la sustancia negra, que aumenta tus respuestas positivas a los estímulos emitidos por el niño; y, desde la segunda semana después del parto, tu amígdala derecha en respuesta al llanto de tu hijo, lo que te provocará una sensación de alarma que te llevará a actuar para consolarle o atenderle. No es hasta la decimosegunda semana cuando puedes racionalizar el llanto del niño, ya que es entonces cuando se activa tu córtex prefrontal medial y tu hipocampo.

Si, como hemos visto, tu hijo es pura emoción, tú, su madre, en este periodo, eres también pura emoción, lo que te permite sentir con mayor intensidad los estímulos que provengan de él y facilita que respondas con rapidez a sus necesidades. El sentido del olfato se te agudiza para reconocer al bebé por su olor; te alarmarás cuando llore las primeras semanas y querrás atenderle de inmediato para que deje de hacerlo; el contacto estrecho entre ambos os relajará y os hará sentir muy felices… Es posible que acabéis durmiendo juntos en la misma cama y que su mirada profunda y atenta te llegue al alma y te enamore.

Sí que eres así. Lo que ocurre es que no te conocías como madre. Es una nueva faceta de tu personalidad, una adaptación maravillosa de tu cerebro emocional que te posibilita atender a tu hijo con mucha más sensibilidad. De hecho, la preocupación maternal primaria favorece el inicio de la relación de apego seguro entre tu hijo y tú, porque te predispone a atenderle siempre que lo necesite y de este modo mantenerle en un estado de bienestar la mayor parte del día. Si, además, le vas a dar el pecho, el acto de amamantar estrechará aún más el vínculo madre-hijo y favorecerá el establecimiento de una relación de apego seguro, porque cada vez que mame segregarás oxitocina que hará que la leche fluya y activará los receptores de las zonas emocionales de tu cerebro. Y como la lactancia es a demanda y la demanda no será solo de alimento, sino de consuelo y de necesidad de sentirse protegido y seguro, la oxitocina actuará muchas veces al día. La naturaleza os ayuda a las madres a cuidar a vuestros hijos de la mejor manera posible.

HAS DECIDIDO NO DARLE EL PECHO

No amamantar dificulta que las madres se acerquen a sus hijos, porque no disfrutan, como hemos visto, del efecto de la oxitocina que tiene lugar en cada toma. Sin embargo, como señaló Winnicott, la preocupación maternal primaria se potencia con el cuidado estrecho y continuado. Ahora sabemos que, durante el contacto piel con piel, las mujeres también sintetizan oxitocina y, por lo tanto, activan su cerebro emocional.

Te conviene mucho contacto piel con piel, darle el biberón mientras le abrazas y le miras a los ojos, y recordar su necesidad de contacto permanente, de permanecer muy cerca de ti —o de su padre— en todo momento, porque el cachorro humano es uno de los más indefensos de la naturaleza.

Cuando las madres de la maternidad me preguntan si deben coger a sus hijos en brazos o si es mejor dejarlos en la cuna para que no se malacostumbren, o si es malo que lloren o mejor que aprendan a esperar, les digo siempre lo mismo: «Si haces caso de tu corazón, nunca te equivocarás».

MADRE ADOPTIVA

Una madre adoptiva no cuenta con la predisposición hormonal y emocional que se inicia en el embarazo y se asienta durante la lactancia y los primeros meses. Una madre adoptiva, como nos ocurre a los hombres que somos padres, tiene que «trabajarse» especialmente el vínculo madre-hijo como hemos visto con el contacto piel con piel, estando lo más pegados posible y con la mayor frecuencia que se pueda. Sin embargo, algunas se han inclinado por la lactancia materna —algo que nunca podremos hacer nosotros—, lo que facilita mucho el vínculo entre uno y otro, y el establecimiento de una relación de apego seguro de madres e hijos.

Tal vez creas que no es posible amamantar sin haber pasado un embarazo y un parto porque, en efecto, las mamas se preparan durante la gestación para segregar leche —aumenta de tamaño la glándula mamaria que es la zona donde se «fabrica»— y tras el parto, y al cabo de unos días, las madres experimentan la subida. Pero es la succión del bebé la que hace que la madre sintetice oxitocina y prolactina, las hormonas responsables de la liberación y de la producción de leche —más adelante volveremos a hablar de esto—. Por lo tanto, cuanto más mame el niño, más leche producirá su madre adoptiva —o la persona que le esté amamantando— y, al mismo tiempo, más vinculados se sentirán ambos. De nuevo, tendrá que «trabajárselo» más que una madre biológica, pero puede conseguirse.

QUÉ SIENTE EL PADRE

La embarazada se va preparando para ser madre durante toda la gestación —cobijando y nutriendo a su futuro hijo— y también para parirlo. Como el resto de las madres mamíferas, la hembra humana está capacitada para actuar desde el primer momento después del nacimiento: para asear, estimular y cuidar a sus cachorros y para ser fuente de alimento con su leche. Queda claro que la naturaleza las ha dotado para asumir todas esas fundamentales funciones que permiten que la especie se perpetúe.

La humanidad ha delegado en las mujeres el cuidado de los hijos durante centurias. Aunque tal vez sería más correcto decir que han sido los hombres los que han considerado que esa labor tan fundamental fuera la única que la mujer tuviera que desempeñar. De modo que ella se dedicaba, en exclusiva, a engendrar, alimentar, cuidar a los niños y adecuar el nido.

Durante el siglo pasado, el papel de la mujer y sus derechos se han ido equiparando a los del hombre en la mayoría de las sociedades occidentales. Estos cambios, fundamentales, han modificado también la función del padre. Antes, él era la autoridad. Si se dirigía a sus hijos era exclusivamente para darles órdenes o reprenderles —y hasta para castigarles duramente—.

En los muchos años que llevo como pediatra he vivido la implicación cada vez mayor de los padres en la crianza de sus propios hijos. Antes, si eran ellos quienes les llevaban al médico, eran incapaces de responder a las preguntas que les hacíamos —«¿Qué le pasa a su hijo?», «¿Desde cuándo tiene fiebre?», «¿Qué come?», «¿Cuánto come?»…—. Siempre eran las madres las que venían y raramente acompañadas por sus parejas.

La consulta pediátrica de lactancia materna se nos ha quedado pequeña porque ahora vienen las madres acompañadas por sus parejas. Y como las visitas son simultáneas, pueden coincidir diez personas al mismo tiempo.

Los hombres se implican desde el primer momento. Se sienten responsables desde que sus parejas les informan del embarazo y procuran acompañarlas a las visitas preparto, viven con ellas cada cambio que experimentan, cada síntoma y muchos piden estar presentes en el nacimiento de sus hijos.

Predisposición hormonal del padre

El hombre ha visto cómo cambiaba el cuerpo de su pareja durante el embarazo y, posiblemente, su forma de sentir. Sin embargo, el suyo y sus hormonas no se han modificado en nada durante ese tiempo.

La mujer habrá hablado del parto y el hombre no va a parir. La pareja habrá hablado de la lactancia materna y él será incapaz de amamantar. Por lo tanto, no tiene una predisposición natural para el cuidado genuino de su hijo. Eso puede hacer que se sienta desplazado, más aún cuando su mujer focalice toda su atención en el bebé. Pese a que comparte con ella la ilusión de tener un hijo, parte con desventaja. No obstante, ahora sabemos cómo la naturaleza también facilita a los padres su implicación en la crianza. Veamos.

Los hombres con mayor nivel de testosterona —la hormona sexual masculina—, tienen comportamientos más agresivos y competitivos, asumen más riesgos y tienen más problemas matrimoniales. Si desciende el nivel de testosterona, el hombre siente mayor deseo de responder al llanto de su hijo.

Los hombres sin pareja tienen mayor nivel de testosterona que los emparejados sin niños y estos a su vez mayor que los que son padres. Es decir, que los últimos experimentan un descenso en la secreción de testosterona que les facilita atender a sus hijos cuando, por ejemplo, lloran.

Una de las funciones de la prolactina es aumentar la sensibilidad al llanto del hijo propio predisponiendo a su cuidado. El nivel de esta hormona en los padres se incrementa mientras juegan con sus hijos —nosotros, los padres, desconocemos estos cambios hormonales, pero nos encanta jugar con nuestros hijos y que nos esperen siempre con los brazos abiertos—.

Cuando el padre disfruta del contacto piel con piel con su bebé recién nacido, también segrega oxitocina —al preguntarle a alguno qué ha sentido durante esos largos minutos, me habla de una sensación indescriptible, porque su hijo le ha buscado los ojos y se ha quedado intercambiando miradas con él, embelesado—. Sabemos de la importancia de que el padre se vincule con su propio hijo. Y de que su hijo empiece a reconocer a su padre —volveremos a hablar de la importancia del contacto piel con piel del padre en otro capítulo—.

La oxitocina va directamente a las zonas del cerebro emocional que antes hemos comentado para estimular la creación de nuevos receptores para la hormona. De manera que cuanto más contacto tenga un padre con su hijo, más receptores de oxitocina formará en su cerebro emocional y más vinculado se sentirá a él.

Son en esas noches duras en las que el bebé está muy inquieto y mama y vuelve a mamar, donde la madre se siente superada por la situación, cuando su pareja debe tomar en brazos a su hijo y colocárselo piel con piel y, si es necesario, permitirle que succione su dedo. Es una manera de que se calme y para el padre, una maravillosa sensación la de comprobar que ha sido capaz de tranquilizarle hasta el punto de quedarse dormido plácidamente en sus brazos.

Algunas madres se han inclinado por alimentar a sus hijos con fórmula artificial para que el padre pueda dar el biberón y se sienta partícipe de los cuidados de su hijo —hablaremos sobre esto más adelante—. Recuerdo perfectamente cómo mis hijos me miraban a los ojos —yo creía que agradecidos— cuando les cambiaba los pañales. Era un momento muy nuestro.

En cuanto el bebé se siente atendido y se tranquiliza, busca la mirada de la persona que le tiene en brazos, que le sujeta, que le confiere seguridad y le da protección. Se vincula con él y le seduce.

RELACIÓN DE APEGO CON EL PADRE

Durante los primeros años, el niño establece una relación de apego con su madre. Se nota que solo se siente seguro junto a ella. Pero se interesará y se apegará también al resto de las personas cercanas a él. De ahí la importancia de la proximidad entre padre e hijo.

Lo primero es que se vincule con él. Mucho piel con piel, mucho tenerle en brazos, mucho cambiarle pañales, mucho bañarle, dormir y jugar con él. Y cantar juntos, y contarle y escenificar cuentos, y salir a pasear con él, y acompañarle al parque, y recogerle del colegio… Que conozca a su hijo y que el hijo conozca a su padre.

La transcendencia del hombre para el cachorro humano se hace más evidente a partir de los dos años de edad. Poco a poco se irá despegando de su madre y preferirá la compañía paterna, del que aprenderá, por imitación, otras cosas. Los niños, cuando empiezan a salir o a estar con sus padres se sienten mayores y establecen un tipo de relación de apego —lo ideal es que sea un apego seguro— en el que confían y saben que serán atendidos cuando lo necesiten.

9
Qué espera mi hijo de mí

Qué necesitan los cachorros
de sus madres

En 1950, Harry Harlow, psicólogo estadounidense, demostró que los pequeños monitos Rhesus recién nacidos necesitaban estar en contacto casi permanente con sus madres para sentirse seguros. Trabajaba con bebés macacos que separaba de las madres nada más nacer y que mantenía en el interior de una jaula metálica y fría. Se consolaban si les ponían en la jaula una especie de manta que recordaba el tacto de la piel materna. Entonces la tocaban y succionaban su pulgar. Esa imagen recuerda a la que hemos presenciado tantas veces: un bebé haciendo «la pipa» mientras toca una mantita o una tela. Si lo pensamos, ese comportamiento en nuestros bebés es mucho más frecuente si no están en brazos de sus madres.

Colocados frente a dos madres artificiales, una de alambre que contenía un biberón del que podían obtener alimento, y la otra forrada de la tela con el tacto similar al de su madre y una cara que intentaba recordar la de una mona adulta, los animales invariablemente se encaramaban a la madre del contacto y permanecían casi inmóviles sobre ella más del noventa por ciento del tiempo. Solo cuando no podían más de hambre se abalanzaban sobre el biberón de la otra para alimentarse, aunque sin dejar de aferrarse con sus pies a la madre del contacto.

Los estudios de Harlow tuvieron mucha resonancia. Él decía que los pequeños monos necesitaban sentir el amor materno, aunque es muy dudoso que recibieran de esas «madres» artificiales algo remotamente parecido al amor. Lo que estaba claro era que se sentían más seguros que si estaban solos. De hecho, si introducían en la jaula un elemento supuestamente agresivo para el monito, este se encaramaba a la madre del contacto, temblando, pero al poco, abrazado a ella, se envalentonaba y se enfrentaba a la fuente de la supuesta agresión. La madre del contacto no se movía, por supuesto, ni le intentaba abrazar ni le defendía, pero con ella se sentía más seguro.

Es obvio, por lo tanto, que los cachorros de los simios necesitan sentirse protegidos y que la necesidad de protección es mucho más importante que la del alimento. Las alimañas, los depredadores, buscan devorar a las presas más indefensas: los enfermos y los cachorros. Uno de los avances más importantes de la naturaleza es la capacidad de alimentar a las crías con la leche materna —la capacidad de amamantar—, porque de este modo la madre no ha de alejarse de sus cachorros para alimentarlos y, en consecuencia, aumentan sus probabilidades de supervivencia.

QUÉ ESPERA TU HIJO DE TI

Tu hijo recién nacido espera seguir sintiéndose tan seguro, tan caliente y tan bien alimentado como lo estaba en tu vientre;

y espera encontrarse en un entorno igual al que empezó a conocer en tu interior. Espera estar en contacto con alguien que
le aporte calor, que le alimente sin separarse de él y que le pro-
teja. Alguien que huela como olía tu líquido amniótico, cuya
leche tenga un sabor similar al del líquido amniótico, alguien
que hable con la voz que oía allí dentro… Alguien con quien
va a estar en sus momentos de vigilia y en las horas en las que
permanezca dormido, porque solo así se sentirá seguro. Y sentirse seguro es para él sentirse bien, muy bien.

Espera todo eso de ti. Y como he comentado, viene arma-
do con una serie de habilidades que le ayudarán a seducirte.
De manera que cuando le des el pecho, cuando le tomes en
brazos, cuando le hables, procurará mirarte a los ojos, con esa
mirada profunda y atenta que te enamorará.

A partir de ti, estando junto a ti, experimentará nuevas sensaciones: la de hambre, de frío, de ganas de hacer caca o pis, el
hipo, el estornudo, otras voces, otros ruidos, otras caras, otros
olores. Si algo le supone estrés, se recuperará rápidamente porque estará contigo. Volverá a sentirse feliz.

A partir de ti empezará a conocer al resto de la familia y
podrá compartir, poco a poco, más momentos del día con ellos.
A partir de ti, se irá familiarizando con el resto de su mundo.

EL LLANTO

Aprendemos de los aciertos y de los errores, pero para ello
hemos de saber previamente si hemos acertado o hemos come-
tido un error. En ocasiones, las consecuencias de nuestros ac-
tos se perciben a corto plazo; es fácil reconocer si nos hemos
equivocado y, por lo tanto, rectificar. En otras, son tan a largo
plazo que no podemos darnos cuenta de si acertamos. Es la

situación que se da con la crianza. Acabamos por actuar según creemos que hemos de hacerlo, según nos han dicho que lo hagamos, según hemos vivido en nuestra infancia, en nuestro alrededor. Si cuando está en la cuna no damos valor al llanto de nuestro hijo, no sabremos reconocer su sufrimiento, no valoraremos su necesidad de sentirse protegido y no le tomaremos en brazos. Creeremos que estamos haciendo lo correcto, pese a que oírle llorar nos duela en el alma.

No quiere estar en brazos, sino que necesita sentirse protegido. Querer supone tener voluntad o determinación y los bebés no la tienen porque no piensan; pero sí necesitan. Necesitan comer, respirar y la protección de su madre o de un cuidador para seguir vivos.

En efecto, lo más probable es que llore en cuanto le pongas en la cuna o poco después. Si no está en contacto con alguien que le cuide, se siente completamente solo, en peligro, tiene miedo. Es bueno recordar que es un cachorro muy vulnerable, y que si le dejamos en el suelo, allí se quedará. Otras crías mamíferas son capaces de caminar y seguir a su madre al poco de nacer; o de encaramarse a ella, como los simios. Si se tratara de un perrito recién nacido pensaríamos que es una crueldad mantenerlo separado de su madre —los pequeños canes también lloran si no están en su compañía—.

Si tu hijo llora en la cuna, no te está manipulando —no «sabe mucho»—. Llora cuando no puede más, cuando se siente fatal. Es muy posible que antes de hacerlo haya manifestado su incomodidad en alerta inquieta, moviendo sus extremidades y haciendo muecas. Si lo atiendes en este momento, se calmará con gran rapidez; si lo haces cuando lleve menos de un minuto llorando, también. Si esperas más para atenderle, se irá desesperando y te costará mucho calmarle porque ha sufrido estrés durante más tiempo.

Algunos te dirán que si le dejas llorar aprenderá a tranquilizarse solo. Ahora sabemos que es la madre —o la persona que le esté cuidando— quien regula sus emociones y que él es incapaz de hacerlo solo. Si nosotros, cuando nos despertamos, a veces nos sentimos tristes o enfadados y no sabemos por qué, ¿cómo pretendemos que un bebé de meses —que es incapaz de pensar— sepa qué le pasa, sepa por qué llora y que él mismo, sin necesidad de nadie, solucione su problema? No puede.

Ya hemos comentado que el bebé no llora para fastidiar a nadie ni para despertar a los demás. Lo hace porque se siente estresado. Llora porque necesita desesperadamente ser atendido. El llanto está diseñado para alarmar y para que su cuidador responda con rapidez.

Sobre todo durante las primeras semanas, su llanto te producirá gran intranquilidad. Lamentablemente, en esos días muchas de las personas que más quieres te darán consejos que no has pedido: «Tiene que aprender a dormir en su cuna», «Si siempre que llora le das el pecho, te lo acaba cogiendo como un chupete», «No pasa nada porque llore un rato»…—. Sin embargo, tu cerebro emocional, tu corazón, te impulsará a tomarle en brazos y a tenerle junto a ti porque solo así ambos estaréis bien. De hecho, muchas madres me confiesan que han acabado durmiendo con sus hijos en la cama porque de esta forma se sentían mejor —«Esta noche ha estado muy nervioso, pedía pecho y al acostarlo, rompía a llorar. Para calmarlo he acabado por dormir con él. Así hemos descansado los dos unas cuantas horas seguidas»—.

Necesitarás tiempo para racionalizar el significado de su llanto, para actuar con la misma celeridad, pero con más eficacia y dominio de la situación. Entonces no será tu amígdala derecha la que se active en respuesta a sus lágrimas, sino tu córtex prefrontal. Sabrás si llora porque tiene hambre, porque necesita que le cambies el pañal, porque no puede conciliar el sueño o porque algo le incomoda. Le cambiarás el pañal o le ofrecerás el pecho y se tranquilizará.

CONSECUENCIAS: APEGO INSEGURO

Ya hemos hablado de la importancia de sentirse bien en el recién nacido para evitar el estrés. Tenemos un sistema, el simpático, que se activa en respuesta a situaciones de alarma y da lugar a una descarga de adrenalina y de corticoides. La primera es la responsable de que en estado de alerta notemos que el corazón late más deprisa, que sintamos cierto temblor de manos y de que peguemos un respingo ante cualquier estímulo potente, como un ruido inesperado. Es un sistema capital para conservarnos con vida ante situaciones de peligro, un comportamiento de protección que nos prepara para la lucha o la huida, pero que debe activarse durante poco rato. Una vez la situación alarmante desaparece, se activa el sistema parasimpático que nos hace sentir una calma progresiva. Este sistema genera un comportamiento llamado de crecimiento durante el cual el organismo se repara, se produce energía y tiene lugar el crecimiento. Durante el comportamiento de crecimiento, estamos abiertos a los nutrientes y somos más sensibles a los estímulos agradables como el tacto, las caricias y las demostraciones de afecto.

Si la situación estresante se mantiene o se repite con asiduidad, la descarga frecuente y sostenida de la adrenalina y los corticoides tiene consecuencias para el organismo. En esas condiciones aumenta la llegada de la sangre a los músculos y al corazón —que deben actuar con rapidez ante una posible agresión— y, como resultado, el riego cerebral y el de los intestinos disminuyen.

En situaciones de estrés duradero disminuye la capacidad de absorber nutrientes de los intestinos, se entorpece la capacidad de pensar y, por efecto directo de los corticoides, se inhibe el sistema inmunológico. Si esto nos ocurre a nosotros, adultos ya formados, ¿qué consecuencias podría tener para un bebé que está en periodo de crecimiento, tanto de su cuerpo como de su cerebro? Sabemos que un setenta y cinco por ciento del cerebro se va a formar una vez nacido en forma de conexiones entre sus muchísimas neuronas y de mielinización —formación de las vainas de las conexiones nerviosas que facilitan la transmisión de los impulsos nerviosos—.

El cerebro está genéticamente programado para formar muchísimas sinapsis —conexiones— entre sus numerosas neuronas. Al final del primer año los bebés han desarrollado unos mil trillones de conexiones entre ellas. Son tantas que muchas se tienen que podar. Se mantendrán aquellas que se han activado repetidamente y se podarán las que apenas se han utilizado. Si tu hijo ha crecido en un ambiente de bienestar, si lo más frecuente es que se haya sentido bien, que haya predominado el sistema parasimpático, permanecerán y se perfeccionarán las conexiones del bienestar. Sin embargo, si el estrés ha sido una constante en sus días y sus noches, las conexiones del estrés serán las que prevalezcan.

Si el llanto se produce ocasionalmente por no estar en contacto con los padres, no tiene consecuencias; pero si se trata de la situación habitual, su organismo se verá sometido muchas horas del día a las hormonas del estrés, el riego cerebral disminuirá y su pequeño cerebro en crecimiento —sobre todo las áreas de su cerebro emocional— no se formará de la misma manera. Por ejemplo, se ha apreciado que el cariño de la madre estimula el crecimiento del hipocampo, una zona fundamental para el aprendizaje y la respuesta ante el estrés. El hipocampo está implicado en la formación de nuevos recuerdos. Además, forma parte del sistema límbico del cerebro emocional.

Hacerle pasar miedo todos los días y todas las noches pasará factura. Tendrá consecuencias en la anatomía futura de su cerebro emocional que se traducirá en una menor capacidad de gestión de las situaciones de estrés, en más agresividad o malhumor, en menor empatía por los demás, en una mayor dependencia de la madre, en una mayor dificultad para establecer relaciones íntimas satisfactorias y en una sensación de inseguridad y de baja autoestima. Además, se ha relacionado el estrés mantenido con la ansiedad y la depresión.

El niño que no es atendido cuando lo necesita acaba por no llorar. Sigue estresado, pero ya no lo manifiesta porque ha aprendido que su madre no va a acudir en su ayuda y que prefiere no ser reclamada. Entonces el bebé desactiva su sistema de apego —relación de apego inseguro evitativo— o lo tiene permanentemente activado si se trata de una madre que solo le atiende cuando se pone muy insistente y, aun así, cuando lo hace no sabe contenerlo emocionalmente, no sabe abrazarle y darle el cariño que necesita y no sabe cambiar su estado de estrés por uno de bienestar —relación de apego inseguro ambivalente—.

A corto plazo, los niños que han establecido una relación de apego inseguro evitativo se ajustan a las expectativas de muchas madres: no las reclaman más que para comer, no parecen necesitarlas para nada y eso les da la sensación de que sus hijos no son tan dependientes como los demás. Parecería a simple vista que son más autónomos y que son felices sin el contacto con la persona que les cuida, pero sabemos que sus niveles de cortisol —corticoide que se sintetiza en situaciones de estrés— son muy elevados. Sufren en silencio. Se sienten fatal solos —aunque no lo aparenten— y también con su madre, con la que no recuperan la sensación de bienestar. Dicho de otra manera: aunque no lo parezca, no se sienten bien ni siquiera con su madre.

Apego seguro

Si tu hijo es feliz, si le aportas felicidad, no solo se sentirá muy bien ahora, sino que será más probable que sea feliz el día de mañana —apego seguro—. Si ha establecido una relación de apego seguro contigo es que sabe que responderás a sus necesidades y lo sabe porque lo ha experimentado muchas veces, por lo que llorará menos —tendrá menos cólicos del lactante o no los tendrá— y se irá haciendo más autónomo y, con los años, más independiente. El apego seguro permitirá a tu hijo desarrollar las herramientas que necesita para enfrentarse a los retos que le pondrá la vida.

Como ya hemos dicho y diremos, en contra de lo que la mayoría de tus familiares y conocidos te digan, tomar a tu hijo en brazos y dormir con él lo hará más independiente. A simple vista parece fácil —o difícil— porque, ¿cómo sabrás que tu hijo es feliz contigo y qué deberás hacer para lograrlo? Si tienes la suerte de haber cuidado algún bebé con anterioridad, te será más fácil interpretar sus señales para solicitar tus cuidados y le atenderás antes de que se desespere. Y, como hemos descrito, también tendrás el cerebro emocional especialmente activado y preparado para sentir las cosas con la misma intensidad que él, su bienestar te relajará, su llanto te alarmará, su olor te llamará poderosamente la atención y su contacto y sus caricias te encantarán. Si, además, disfrutas del contacto piel con piel con él nada más nacer o en cuanto puedes, es muy probable que sucumbas a sus encantos y a su penetrante mirada. Por lo tanto, enamorada cada vez más de él y con tus sentimientos a flor de piel, tus respuestas se irán adecuando a sus necesidades.

Sabrás que se siente bien, que es feliz, porque apenas llora, porque contigo está en alerta tranquila y acaba por dormirse plácidamente; porque si está inquieto y llora, con tomarle en brazos y hablarle consigues calmarle.

Los niños que establecieron una relación de apego seguro con sus madres obtenían mejores resultados en las pruebas de comprensión emocional, habilidades verbales y competencias sociales. Este tipo de apego les permitirá desarrollar las herramientas necesarias para enfrentarse a los retos que les pondrá la vida. Y los adultos que disfrutaron de una relación de apego seguro con sus madres en su primera infancia serán personas más cálidas —porque sus madres lo fueron con ellos—, más estables desde el punto de vista emocional —porque sus madres contribuyeron a mantener sus emociones estables, a regularlas—, con relaciones íntimas más satisfactorias —porque aprendieron de la relación empática y sincrónica de sus madres con ellos—, más positivas, más integradas socialmente —una buena relación de apego les aportó las armas emocionales adecuadas para una buena adaptación y relación social—, más capaces y queridos, y tendrán perspectivas coherentes de sí mismos.

10
No sé si lo estoy haciendo bien

Llevo bastantes años trabajando como neonatólogo y son muchas las madres que me han transmitido cada día su inseguridad. Muchas las que temen no tener leche —que sus hijos pasen hambre—, muchas las que me expresan su miedo a no ser buenas madres… Porque para casi todas, la maternidad es una experiencia totalmente nueva, como lo es cuidar de un bebé. Además del cóctel hormonal que experimentan —la preocupación maternal primaria— durante los primeros días, muchas están agotadas después del parto, llevan más de una noche sin apenas dormir, están doloridas físicamente y no se sienten todo lo felices que creen que deberían sentirse. Encima, sus familiares las felicitan porque un nuevo nacimiento es motivo de alegría para todos. En ese contexto, si la madre no se siente bien, teme expresarlo, porque le parece que es un sentimiento poco adecuado, un sentimiento que no tienen las «buenas madres».

Todos los que trabajamos en nuestra maternidad tenemos la suerte de estar preparados para preguntarles cómo están y cómo se sienten. Y gracias a ello, pueden exteriorizar sus sentimientos contradictorios. ¡Qué difícil es convivir con la enorme responsabilidad de ser madre desde el primer minuto después del parto! ¡Qué duro es no tener fuerzas para abrazar a un hijo! Algunas se sienten desamparadas porque necesitarían a su lado a sus propias madres. Algunas padecen una enorme frustración porque no acaban de estar todo lo felices que esperaban y otras se notan inseguras —su hijo llora y no sabe calmarlo; o duerme y teme que le esté pasando algo y no sabe si despertarlo. Y si no le permite dormir por la noche, no sabe si dejarle en la cuna, tomarle en brazos o pasearle; y duda de si tiene dolor de tripa o necesita un biberón o...—.

Y si la madre suele dudar de su capacidad, lo mismo ocurre con el padre. Él, además, está fuera de foco. Fuera de foco de la madre, de su hijo y de la mayoría de la familia. Está, sobre todo, desorientado. Poco a poco se ha de dar cuenta de que su papel irá creciendo con los días. Que aunque su hijo busque a su madre, también estará a gusto con él —y más si disfrutan del contacto piel con piel—. Su mujer necesitará su apoyo, sus ánimos, su ayuda y su comprensión.

En muchas ocasiones me encuentro con madres que se sienten muy felices, que no dejan de mirar a sus hijos y a quienes todo les parece bien —mis colegas y yo decimos que parecen bañadas en oxitocina—. Sonríen, tienen a sus respectivos bebés en brazos, no les importa que les reclamen el pecho con frecuencia y sus parejas también parecen encantadas. A veces es su primer hijo, pero ni parecen sorprendidas ni especialmente preocupadas, sino que disfrutan enormemente del momento.

QUÉ ES SER UNA BUENA MADRE

Parecería que para ser «una buena madre» se tendría que ser una madre «de manual». El embarazo tiene que haber sido

La ayuda necesaria

Admiro a aquellas madres solas, sin pareja, que han buscado o afrontado su maternidad con valentía y que se sienten encorajinadas para criar a sus hijos con la ayuda de la familia o amigos, o sin ellos. Las admiro porque la gran mayoría necesitan apoyarse en alguien para comenzar a ser madres.

He vivido maternidades difíciles, en conflicto con sus parejas; o separadas de sus madres y del resto de sus familias; maternidades duras, muy alejadas de la situación ideal. No todas las mujeres son capaces de tirar adelante solas con un hijo. Y lo repetiré las veces que sean necesarias: no se es peor madre por necesitar apoyo. De ahí el interés de los grupos de ayuda mutua no solo para la lactancia, sino para la crianza; grupos cada vez más imprescindibles en las ciudades.

Piel con piel

¡Qué importante es disfrutar del contacto piel con piel con nuestros hijos, con nuestros pequeños bebés! Es importante siempre, pero sobre todo en aquellos casos en los que las circunstancias han impedido que madre e hijo hayan estado juntos nada más nacer, cuando ha habido, por ejemplo, complicaciones en el parto que han obligado a separarles. Puede que sea la madre la que haya tenido que permanecer sola unas horas en reanimación o incluso días en una UCI. O puede haber sido su hijo el que, por haber nacido antes de tiempo o por haber presentado algún problema, deba ingresar en la unidad neonatal.

El padre, en esas circunstancias, se encuentra dividido entre permanecer con su mujer o estar cerca de su hijo. Mi consejo es siempre el mismo: estar con el recién nacido y, si se

buscado y deseado por ambas partes; no ser ni muy joven ni demasiado mayor; haber seguido una dieta sana y equilibrada, huyendo de bebidas alcohólicas y del tabaco; continuar haciendo sus actividades como si tal cosa, pero sin exagerar, no sea que perjudique al futuro hijo; haber ido a las clases de preparación al parto y haberse decidido por uno de lo más natural posible, acompañada de su pareja; parir realmente sin epidural, dure lo que dure la dilatación; enamorarse de su hijo nada más verlo y vivir la maternidad en una nube de felicidad; chorreando leche para el bebé, que tiene que agarrarse al pecho sin dificultades y quedarse completamente satisfecho, tranquilo y dormido en su cunita hasta tres horas más tarde; encontrarse tan bien como si no se hubiera parido y recuperar de nuevo el ritmo habitual de actividades personales, con los amigos, con la pareja…, y decirle a todo el mundo lo maravilloso que es ser madre.

¿Qué significa «buena»? ¿Buena para el hijo, para la pareja, para los abuelos, para los amigos, para las demás madres, para el pediatra, según las revistas para padres, según los blogs de crianza natural? Muchas de las madres que he conocido parecen autoexaminarse y la mayoría están convencidas de que no son buenas madres. Como si no fuera suficiente con la enorme responsabilidad que se les viene encima tras una maternidad reciente, tras un parto —en general, duro— y con las muchas y contradictorias opiniones que oyen a su alrededor; sus peores jueces son ellas mismas. Se trata de ser solo suficientemente buenas para sus hijos.

Eres la mejor madre del mundo

Tú eres la mejor madre para tu hijo. Lo eres, pero todavía no lo sabes. Lo eres, aunque tienes que aprender a serlo. Se puede ser una excelente madre y haber sufrido una cesárea o unos fórceps. No se es peor madre por dudar ni por sentirse triste ni superada. No se es peor madre por tener dificultades con la lactancia —muchas buenas madres no han amamantado a sus hijos—.

Aprender a ser madre, en efecto. Aprenderás día a día a ser la persona que mejor conozca a tu hijo —incluso, por su puesto, mejor que su pediatra—. Tal vez ahora te sientas triste porque no sabes si lo estás haciendo bien. No sabes si es mejor cogerle o dejarle en la cuna con su chupete, pero seguramente ya has comprobado que pegado a ti es como se encuentra más tranquilo.

Puede parecerte que cuando tu pareja le tiene en brazos es cuando se calma y que tú solo puedes sosegarle al pecho —«¿No soy buena madre si solo le relajo cuando mama?», «¿Por qué se tranquiliza con su padre o con sus abuelos, pero no conmigo?»…—. La teta es un invento maravilloso de la naturaleza que sirve para alimentar, pero también para calmar, para que el niño se sienta a gusto y feliz. Hueles a leche, aunque tengas la sensación de no tenerla, y tu hijo está enamorado de tu aroma y busca tu pecho siempre que necesite comer tu calor, siempre que necesite sentirse amado y seguro. No, no le estás malcriando si le ofreces el pecho cuando lo busca; no es que lo busque como si fuera un chupete, es que muchos bebés succionan el chupete deseando que su madre esté detrás.

No es importante que te sientas segura desde el primer día. Tu hijo y tú tenéis que empezar a conoceros. Tenéis que empezar a relacionaros cuando mama, cuando estornuda, cuando necesita que le cambies el pañal —durante el día y por las noches—, cuando pide y pide el pecho, cuando está tranquilo y te mira, cuando está nervioso… Aprenderá que a veces estás muy contenta y otras, triste; que a veces, enfadada; que en oca-

siones le hablas tranquila y amorosa y otras, con voz más áspera… Pero entenderá poco a poco que eres la persona que le cuida, que le quiere y que consigue que esté bien. Y tú aprenderás a ser feliz cuando él lo esté.

NO TE SIENTES BIEN

«Pasan los días y no he sentido ese flechazo. No me siento bien. Tendría que estar feliz y no lo estoy. Me planteo cómo hacen las demás madres para sacrificarse por sus hijos. Me siento culpable por querer que sea mi madre o mi pareja quien atienda a mi hijo, porque a mí no me apetece, no tengo ganas…». Aunque por fortuna no es frecuente, hay madres que expresan estos sentimientos, madres que no se han vinculado con sus hijos aún. Son las que apenas miran a sus bebés y quienes raramente están con ellos en brazos los primeros días. Algunas refieren un intensísimo dolor al amamantar que no se debe a una posición o a una succión inadecuadas.

El vínculo madre-hijo se establece espontáneamente, no se puede programar. El sentimiento de culpa surge con frecuencia en las madres que se sienten así y en la mayoría de los casos, sin motivo. Si no se ha establecido el vínculo no es porque la mujer no haya querido, sino porque existe algún impedimento psicológico: duelos —de pareja, de algún ser querido, de otro hijo…—, embarazos no deseados, depresión o ansiedad posparto, etc.

Si ves que se te hace una montaña cuidar de tu hijo, si van pasando las primeras semanas y no te sientes enamorada de él, es conveniente que busques ayuda de un profesional —psicólogo o psiquiatra—. Te facilitará que te vincules a tu hijo y puedas criarle con todo tu amor. Cuanto antes, mejor.

puede, permanecer en contacto piel con piel, dándole el calor y la protección que necesita separado de su madre. Y luego, con su pareja, que estará preocupada por su hijo o por su propia salud. No es nada fácil para un padre manejar todas esas emociones en tan poco tiempo.

Cuando, finalmente, la madre y el bebé estén en condiciones de reunirse, es fundamental que se abracen piel con piel y que lo hagan cuantas más veces y durante mayor tiempo, mejor.

11
Se alimenta de mí

Tal vez has decidido amamantar a tu hijo porque es lo más común o porque, tras haberte informado, has descubierto que el bebé crecerá más sano y padecerá menos infecciones. Lo que no sé si sabes es que la lactancia materna también protege a la madre frente a ciertos tipos de cáncer, diabetes y otras enfermedades.

Cada día es más normal ver el proceso de amamantar como una continuación lógica del proceso de reproducción. Empieza con el anhelo de tener un hijo, continúa con el embarazo —y con los cuidados y precauciones de esta etapa—, prosigue con un parto en el que la madre se siente protagonista porque se han respetado sus deseos, sigue con el disfrute del contacto precoz —piel con piel con su bebé— y por último, se le amamanta y se le cría con apego. Es verdad que se puede dar biberón con apego, pero la lactancia materna supone una unión mucha más íntima entre el recién nacido y su madre.

Sea cual sea el motivo, decidir dar el pecho añade presión a muchas mujeres. Es una gran responsabilidad porque, como hemos comentado, ellas se enfrentan a un reto enorme: ser madres con todo lo que conlleva y con los enormes temores que las invaden. Sin embargo, amamantar, como todo el proceso de crianza, no es un acto individual de la madre; es una relación entre ella y su hijo que debe ser estimulada, protegida y cuidada por la pareja y por el entorno familiar y social.

LA CULTURA DE LA LACTANCIA

En aquellas zonas del mundo donde la lactancia materna es la única posibilidad de supervivencia del bebé, las mujeres cercanas a la nueva madre la rodean, la protegen, la descargan de otras tareas y le ayudan en el cuidado de sus hijos. Son ellas mismas las que enseñan a la reciente madre a colocar a su bebé al pecho. No necesitan explicar muchas cosas más, ya que en esas culturas las muchachas conviven con sus madres mientras crían a sus hermanos pequeños, cuidando de estos y familiarizándose con sus señales desde bien niñas. Amamantar es cotidiano y normal.

En los países occidentales, sin embargo, las madres primerizas no han visto apenas amamantar y no han convivido, de jóvenes, con niños pequeños. Además, en muchos de los casos, el resto de las mujeres de la familia no han dado el pecho o han tenido malas experiencias con sus lactancias y, en vez de apoyar eficazmente a la madre, le transmiten sus propias dudas y temores respecto a esta forma de crianza.

En Occidente la cultura del amamantamiento se había perdido desde mediados del siglo XX, tanto entre la población general como entre los profesionales sanitarios. Falta de ayuda eficaz invadida también por la idea general de que lo importante era saber cuánto comía el bebé —los alimentados con biberón tomaban una cantidad exacta indicada por el pediatra cada tres horas—.

Las mujeres se apoyaban en las matronas y enfermeras que las atendían en el embarazo, en el parto, durante los primeros días posparto y en el puerperio —la cuarentena—. El desconocimiento de los profesionales de la fisiología de la lactancia materna —de cómo funciona para que el bebé obtenga toda la leche que necesita— y la idea de que la artificial era una alternativa suficientemente buena y segura, hizo que muchas madres con dificultades en la lactancia acabaran pasándose al biberón.

No sabes si tienes suficiente leche

«No sé si tengo suficiente leche». Es la primera duda desde el primer momento y me lo dicen todas las madres primerizas, pero también aquellas que han amamantado antes a algún otro hijo. Es una incertidumbre terrible porque el compromiso de alimentar al bebé parece ser solo suyo —«¿Y si pasa hambre? ¿Y si adelgaza demasiado? ¿Y si está sufriendo por mi culpa porque no tengo leche?...»—.

Es probable que, con la mejor intención, las personas más cercanas a la madre aviven aún más los miedos en vez de apaciguarlos. Durante los años que llevo trabajando, he oído de todo: si el niño duerme mucho, lo hace porque «pasa hambre y no tiene fuerzas». Si llora, lo hace porque «necesita un biberón y la madre no tiene leche». Si ha nacido con poco peso, «es mejor, además, darle algún biberón porque es muy pequeñito». Si ha nacido muy «hermoso», porque «el niño es muy glotón, y la madre no tiene suficiente con su leche». Si ha tenido gemelos, porque «no va a tener suficiente leche para los dos». Si ha nacido por cesárea, porque «tardará más días en subirle la leche» o «ya le voy dando yo los biberones hasta que se encuentre mejor». Cuando pierde peso los primeros días —porque ya hemos dicho que todos los bebés lo pierden—, «¿ves? No está tomando suficiente leche»…

CÓMO FUNCIONA LA LACTANCIA

Si la posición, el agarre al pecho y las succiones del bebé son correctos y la lactancia es a demanda, se produce la cantidad exacta de leche que el niño necesita.

Para una buena posición, el recién nacido debe estar en contacto ventral con la madre —barriga contra barriga—, con la cabeza y el cuerpo bien alineados y colocado justo donde cae el pecho, de forma que el pezón quede frente a su bigote o nariz. De este modo tendrá que extender la cabeza para agarrarlo.

Un buen agarre tiene lugar cuando el niño abre tanto la boca que abarca el pezón y gran parte de la areola, cuando sus labios quedan evertidos y su mentón y nariz tocan el pecho —cosa que no le impide respirar—. Al principio, mama con succiones rápidas y superficiales. Son las de «llamada de la leche», las que provocan la liberación de oxitocina, hormona que hace que la leche salga del pecho y la responsable de que gotee del otro pecho mientras el niño mama.

Para obtener más leche y que se estimule la liberación de prolactina, el bebé ha de succionar lenta y profundamente en series de al menos diez o quince succiones con breves pausas entre ellas. Cuando la lactancia está instaurada, se le oirá tragar tras una o tres succiones. El niño succiona, traga y respira. Además de estimular la producción de leche, la prolactina impide la ovulación y hace que la madre esté más pendiente de su hijo.

La sensación agradable al amamantar es el mejor indicio para saber que tanto la posición, el agarre como la succión son correctos. Una señal para advertir que ha comido suficiente es que suelte el pecho espontáneamente —significa que ya ha obtenido la leche que quería de ese pecho— y que el pezón aparezca cilíndrico, no aplastado. Se ha llevado la leche del principio, la que contiene más agua e hidratos de carbono, y la del final, la más rica en grasa, la más calórica. Por lo tanto, para obtener la leche del final no ha de estar más tiempo, sino que ha de mamar de forma eficaz. Es entonces cuando desaparece el «factor inhibitorio de la lactancia», una proteína que frena la producción de leche cuando el bebé no ha apurado la toma.

Los médicos decimos que el primer pecho es el primer plato —la leche del principio— y el segundo plato —la del final— y que el segundo es el postre. No siempre queremos postre, pero a veces nos apetece una buena ración de tarta. Una vez el recién nacido ha dejado de mamar de un pecho por sí mismo, es conveniente ofrecerle el otro. Él decidirá si quiere seguir mamando o no.

LOS PRIMEROS DÍAS

Tras las primeras dos horas de alerta tranquila, el bebé pasa las siguientes cuatro-doce horas durmiendo más que comiendo, porque ha de recuperarse del cansancio del parto. Está agotado. La madre se preocupa si no le reclama el pecho como mínimo cada tres horas. Intenta despertarle, sin conseguirlo del todo y sin que succione eficazmente. Pero no hace falta hacerlo: los recién nacidos sanos pueden estar sin comer todo este tiempo sin riesgo alguno.

El segundo día la situación se invierte. Come más que duerme, por lo que la preocupación y la incertidumbre de la madre pasa a ser, como hemos visto, la cantidad de leche que es capaz de producir.

La capacidad del estómago del recién nacido es de cinco a diez mililitros, lo que viene a ser una cereza pequeña. Cada vez que mama extrae exactamente esa cantidad de calostro —es leche, aunque se llame de otra manera—. Al estar más despiertos necesitan hacer más tomas para sentirse satisfechos —necesitan muchas más cerezas de calostro—.

Cuantas más veces mame este segundo día, más cantidad tendrá la madre cuando experimente la subida de la leche, que suele ocurrir a partir de las cuarenta y ocho horas.

La demanda de pecho y de contacto la segunda noche es tan intensa que las propias madres la llaman «la de las vacas locas». No es apetito ni dolor de tripa. Es importante que conozcas de antemano lo que va a ocurrir para que no te sorprendas, pues es difícil superar unas horas tan ajetreadas. Y también es bueno que recuerdes darle el pecho tantas veces como te lo reclame, y que lo calmes y tranquilices si, al estar tan ansioso, le cuesta agarrarse.

COMPORTAMIENTO HABITUAL EN LAS TOMAS

La madre espera a que su hijo llore para ofrecerle el pecho. Ya hemos visto que el llanto es el último recurso del bebé, y que antes de llorar manifiesta de otro modo sus necesidades. El niño suele pasar de estar dormido —generalmente en la fase de sueño superficial— a despierto. Lo lógico es que despierte y quede en alerta tranquila. Si tiene sensación de hambre, es posible que empiece a chuparse el puño, a mover los labios y, si no es atendido, que acabe en alerta inquieta, moviendo brazos y piernas en actitud nerviosa. Finalmente, si no come, acabará llorando.

Si la madre le arrima al pecho antes de que llore, el bebé moverá la cabeza de lado a lado mientras abre la boca muy grande e intenta abarcar el pezón y parte de la areola para succionar y obtener la leche. A lo mejor necesita más de un intento —está escogiendo el restaurante y los platos que quiere comer—. Muchas mujeres esperan que nada más acercarles al pecho se agarren y mamen, pero eso sería como si al dirigirnos al restaurante nos pusieran la cuchara en la boca antes de entrar.

En general, por lo tanto, es el propio bebé el que da señales de tener hambre y, si es atendido pronto, pondrá en marcha todos los reflejos innatos para mamar. Es así como, de forma habitual suelen reclamar la toma. Mientras mama, o antes de hacerlo, al niño le encanta mirar a su madre a los ojos, porque para él observarla es tan importante como comer. A través de la mirada capta lo que siente —se enamora de ella y ella de él—.

Cuando va finalizando la toma reduce la intensidad de las succiones, suelta el pecho y se queda dormido, satisfecho. Hasta la siguiente toma, que suele reclamar antes de las tres horas. Eso no significa que vaya a quedarse plácidamente dormido en su cuna. Es posible que al poco de colocarle en ella, se despierte y se busque los puños. No es una manifestación de apetito, sino de necesidad de contacto.

Aunque la mayoría de las madres sin experiencia espera, como hemos referido, que su hijo coma cada tres horas y que entre tomas duerma, la demanda de alimento es variable no solo entre diferentes niños, sino en un mismo bebé. Lo habitual es que por la mañana estén más tranquilos y reclamen el pecho cada dos o tres horas, pero a medida que avance la tarde, mamen más a menudo. Y durante las noches de las primeras semanas, hasta que se acostumbran al ritmo sueño vigilia, que se despierten con frecuencia para mamar y recibir consuelo.

LOS BELLOS DURMIENTES

Hay bebés —a los que llamamos «bellos durmientes»— que no reclaman la toma, y que no muestran ningún interés por comer a pesar de ser colocados en el pecho dormidos. Este comportamiento es frecuente en los prematuros tardíos —aquellos que nacen entre la semana treinta y cuatro y la treinta y siete— y en los nacidos antes de la semana treinta y nueve por cesárea electiva —suele haber un cambio de conducta cuando se acercan a la fecha en la que les correspondería haber nacido—.

En las cesáreas electivas no ha habido contracciones y parece que esos pequeños se comportan como si siguieran en el interior del vientre materno. Si un bebé actúa como un bello durmiente, solemos sugerir a la madre que se saque la leche y se la ofrezca con el dedo y una jeringa. Así recibe el alimento y el día en que esté preparado, por fin, para mamar por sus propios medios, el pecho producirá leche sin problemas.

Todas las madres encuentran a sus hijos guapos —por lo tanto, «bellos»— y están deseando que duerman entre tomas —«durmientes»—, pero como hemos visto, los bellos durmientes son bebés que podrían tener problemas importantes si no se les administrara el alimento con regularidad, aunque no parecieran tener apetito.

Los barracudas

Se trata de bebés que nacen grandes, con pesos superiores a los tres kilos y medio. Los barracudas son voraces. Muchos de ellos anteponen la necesidad de comer a cualquier otra cosa y anuncian su necesidad de comer de forma brusca, llorando en cuanto se despiertan por hambre. Todos tenemos conocidos y amigos así, personas que comen a toda velocidad, casi sin hablar, sin levantar la vista del plato y que, al final del segundo, parecen darse cuenta de que comparten la mesa con otros.

Si no se agarran al pecho enseguida y consiguen leche con las primeras succiones, lloran sin consuelo, lo que dificulta aún más el agarre. Se suelen calmar al succionar el dedo de la madre, pues chupar les relaja. Así, de esta forma, se les puede acercar al pecho.

Si se consigue calmar a estos bebés grandotes, es más fácil que cojan el pecho con la boca bien abierta y obtengan enseguida el alimento que desean con todas sus fuerzas. Desde bien pequeños, succionan sin apenas descanso y dejan el pecho espontáneamente tras pocos minutos. Una vez han mamado, se relajan y se duermen, y ya «no hay niño» hasta la siguiente toma.

Los hiperdemandantes

Algunos bebés reclaman el pecho con la misma intensidad que los barracudas, pero al contrario de estos, una vez que acaban siguen con sensación de hambre. Son insaciables. Suelen ser recién nacidos largos y delgados, como si en las últimas cuatro semanas del embarazo no hubieran engordado lo que tenían que engordar. Así nacen con apetito atrasado. Como ocurre con los barracudas, es importante tranquilizarles previamente para que consigan un buen agarre del pecho.

Sabemos que el cachorro humano necesita sentirse protegido; para ello, ha de estar en contacto con la persona que le cuida, que suele ser su madre. Sabemos también que cuando le desnudamos, en la cuna, en el cochecito o en su sillita se siente en peligro, experimenta miedo.

Muchos bebés manifiestan la necesidad de protección llorando, sobre todo por las tardes y por las noches. Los hiperdemandantes por el contrario la manifiestan continuamente. Todos los recién nacidos necesitan el contacto con su madre, pero estos, además, lo hacen saber.

Las madres de estos niños acaban por llevarles en porteo para conseguir sentirse más libres y para que se duerman. Si se les da lo que necesitan, el contacto permanente y la lactancia materna a demanda —a alta demanda—, poco a poco irán atemperándose.

En el servicio de pediatría llevamos años estudiándolos. Nos dimos cuenta de que estos cachorros de aspecto largo y delgado eran más ansiosos. Vimos que, ya en la maternidad, con muy pocas horas, lloraban desconsoladamente cuando les desnudábamos para explorarles.

Examinados por una psicóloga que les evaluaba con el test de Brazelton, y que desconocía qué bebés eran hiperdemandantes y cuáles no lo eran, encontró que estos experimentaban más a menudo cambios de estado —de tranquilo a intranquilo—, manifestaban más signos de estrés y mayor inestabilidad frente a estímulos, mostraban escasa capacidad de consolarse por sí solos, se revelaban más molestos frente a cualquier estímulo, y precisaban más ayuda del examinador para completar dicho test.

Si la madre de un bebé con un comportamiento normal suele dudar de si tiene suficiente leche para su hijo, de si se está alimentando correctamente, imagina qué siente la de un hiper-demandante que pide el pecho continuamente y que mama con enorme voracidad. Si la madre le amamanta a demanda, producirá la cantidad exacta de leche que su pequeño necesita.

Los cachorros humanos suelen ganar al principio entre ciento cuarenta y trescientos gramos por semana. Los bebés hiperdemandantes, entre trescientos y quinientos gramos. Por lo tanto, para doblar el peso tienen que mamar también el doble. Ganan a este ritmo hasta que se «redondean», hasta que alcanzan el peso que les correspondía, lo que suele ocurrir entre la cuarta y la octava semana. A partir de entonces, la demanda del pecho se hace similar a la del resto de los bebés.

Pérdida de peso

Comprobarás que tu hijo perderá peso el primer día y también el segundo. Te preocuparás y dudarás de tu capacidad para producir leche y para amamantarle.

Los recién nacidos pierden peso el primer día y también el segundo. Todos lo hacen. Los médicos decimos que el peso de nacimiento es falso, que tiene «taras». Si la embarazada ha recibido líquidos intravenosos durante el parto, algunos se acumulan en el cuerpo del bebé, que los eliminará por su orina. Los nacidos de partos con epidural o tras una cesárea —en los que las madres reciben más cantidad de líquidos— pierden incluso más peso. Por otro lado, en el intestino del feto se acumula meconio que el recién nacido irá eliminando los primeros días. Cuanto más meconio elimine, más peso perderá.

Si el bebé hace por lo menos una caca y un pipí el primer día, dos y dos el segundo y tres o más a partir del tercero, es que está obteniendo suficiente leche.

Las primeras cacas son negras, pegajosas y no huelen —el meconio—, pero a medida que el bebé mama, empiezan a oler y cambiar de color. Son las cacas de transición. Cuando se haya establecido la lactancia, pasarán a ser amarillas y grumosas. Cuanta más leche ingiera el recién nacido, más meconio eliminará y, como ya hemos dicho antes, más peso perderá. En estas circunstancias es normal que los primeros dos días pierda hasta un diez por ciento del peso de nacimiento.

Nos vamos a casa

En general, la mayoría de las madres recientes y sus hijos suelen ser dados de alta de las clínicas y hospitales a las cuarenta y ocho horas. Seguro que estaréis deseando volver a casa para dormir en vuestra cama y para que no os molestemos tanto.

En casa, sin embargo, posiblemente las dudas persistan. Y pueden aparecer otras dificultades. Por eso aconsejamos a las madres que ellas y sus hijos sean visitados por sus matronas o pediatras entre uno y tres días después de abandonar el hospital. Allí pesarán a sus hijos y les ayudarán si tienen dudas respecto a la lactancia.

12
No es lo que esperaba. ¡Necesito ayuda!

Se queda con hambre

«Pasa hambre» o «tiene hambre» son expresiones que las madres oyen decir a su entorno más cercano desde el primer día, sobre todo cuando el bebé llora. Como ya hemos apuntado, el llanto del recién nacido está diseñado para alarmar, para que le tomen en brazos, le calmen y le ofrezcan el pecho.

Los cachorros mamíferos tienen tres necesidades básicas: no pasar frío, no pasar hambre y sentirse protegidos. Pueden llorar por cualquiera de estas tres razones. Si el bebé es amamantado, cuando llora muchos creen que está pasando hambre. Si toma biberón, que le duele la tripa. Los recién nacidos suelen estar tranquilos al pecho y se duermen en brazos de su madre una vez acabada la toma. Pero en cuanto les dejan en la cuna, vuelven a llorar. «Tiene hambre», opinan. Pero lo cierto es que en la cuna se sienten en peligro y lloran para sentirse protegidos. Nosotros decimos a las madres que su hijo pasa miedo en la cuna.

También oirás «pasa hambre» si tu hijo está siempre enganchado al pecho, con sensación de que no se sacia. O si no gana suficiente peso. Ante cualquiera de estas situaciones, temerás ser una de esas madres que no tiene suficiente leche para su hijo. Los primeros días, en los que producirás calostro en una cantidad reducida, pero perfectamente adecuada al tamaño del estómago de tu hijo, es difícil ver aparecer gotas de leche al oprimir el pezón. Se requiere un masaje adecuado para lograr extraer los pocos mililitros de calostro que se produce en cada ocasión. Los primeros días tu leche no manará del pecho a chorro, tus senos no habrán aumentado varias veces su tamaño antes de la toma ni los sentirás vacíos después. Conozco muchas madres que solo han notado un aumento del peso o de la temperatura del pecho en plena «subida».

LA SUBIDA DE LA LECHE

En general, las madres desean experimentar la subida de la leche para estar seguras de que producen mucha. Habitualmente, tras esta el bebé se suele quedar más satisfecho y las tomas se suelen acortar y espaciar un poco. Sin embargo, en algunos casos, puede dificultar el agarre al pecho.

Durante la subida —o plétora mamaria— el aumento de volumen del seno se debe no solo a que el pecho se llena de leche, sino a una inflamación del espacio intersticial de la glándula. Ya hemos visto que si las madres reciben muchos líquidos intravenosos, es probable que el componente inflamatorio sea aún más importante y, en estos casos, experimenten un aumento de volumen y de consistencia.

Si la areola está dura, al bebé le resultará mucho más difícil proceder al agarre, porque resbalará y acabará por succionar solo del pezón. En estas situaciones, madres que no sentían dolor al amamantar los primeros días vienen con grietas en la punta de ambos pezones. Para prevenirlo es conveniente que la mujer prepare la areola antes de cada toma mediante la llamada presión inversa suavizante. Para eso, hay que colocar los dedos índices y anulares juntos —con las yemas en contacto con la areola— a ambos lados del pezón, rodeándolo y haciendo presión suave y mantenida hacia las costillas durante al menos treinta segundos. De esta forma se reblandecerá la areola y el bebé podrá hundirse en el pecho y agarrarse más cómodamente.

Cuando empiece a succionar le costará obtener leche, ya que la presión sobre los conductos impedirá que fluya con facilidad en los primeros minutos. Después las succiones serán más productivas.

Es conveniente que se vacíe un poco el pecho antes de dar de mamar al bebé para reblandecer la areola, que se aplique frío en el seno entre tomas y calor justo antes de amamantarle —a veces incluso es necesario la toma de antiinflamatorios—. La plétora mamaria dura entre cuarenta y ocho y setenta y dos horas.

Si el niño es incapaz de agarrarse, el pecho, al no vaciarse, se endurecerá cada vez más. Es lo que se llama ingurgitación mamaria. Esta inflamación es dolorosa y muy molesta. Al no fluir la leche, el bebé estará cada vez más irritable, pues a pesar de olerla será incapaz de agarrarse y llorará de impotencia, lo que desesperará aún más a la madre. Es difícil entender que con un pecho aparentemente tan lleno el bebé pase hambre.

Las mujeres con ingurgitación mamaria necesitan que les ayuden a vaciar la mama para revertir la situación. Una vez parcialmente vaciada mediante el masaje manual o con un sacaleches, la areola estará menos dura. Para que el bebé se agarre sin desesperarse, antes de ofrecerle el pecho es conveniente darle la leche que la madre se ha extraído.

Dolor al amamantar

Dar el pecho no ha de ser doloroso. Es algo que tú y tu hijo tenéis que disfrutar. Sin embargo, como consecuencia del aumento de sensibilidad de los pezones que has experimentado o experimentarás durante el embarazo, es posible que, durante los primeros días, sientas una molestia en el momento en que tu hijo se agarre, pero esta debería ir cediendo a medida que la toma avance.

Amamantar es mucho más duro si el dolor persiste a lo largo de toda la toma o aparecen grietas. Ocurre cuando la posición, el agarre o las succiones no son adecuados. En este caso no solo te haría daño al amamantar, sino que tu hijo no obtendría toda la leche que necesita. La buena noticia es que, con el apoyo adecuado, se corrigen estas dificultades de posición o agarre, o se procede a cortar el frenillo sublingual —si se considera el responsable de unas succiones poco efectivas—, medidas tras las que desaparece poco a poco el dolor y el bebé queda satisfecho tras la toma.

Siempre agarrado al pecho

Es una de las consultas más frecuentes. La madre suele comentar que su hijo está siempre agarrado al pecho, que incluso se duerme con el pezón en la boca, y si le fuerza a dejarlo, se quiere volver a agarrar enseguida. Si el bebé gana peso es una situación que le dificulta las tareas cotidianas e incluso las relaciones sociales, pero si su hijo no gana el esperado, la madre, además, se siente frustrada.

Hemos dicho que el bebé mama a demanda: el tiempo que quiera y cada cuanto quiera. Los primeros días, hasta que sube la leche, lo habitual es que las tomas duren entre quince y cincuenta minutos y que sean muy frecuentes. Un bebé de un mes suele mamar durante diez o veinte minutos; y uno de cinco, durante tres o cinco minutos.

Si se trata de un recién nacido de quince días que no suelta el pecho de forma espontánea y lo reclama continuamente, no es que la madre no tenga suficiente leche, es que hay que revisar la técnica de lactancia. Muchos maman con succiones poco profundas, en series cortas y se duermen al pecho. Estos bebés no son capaces de obtener la leche del final, la que, como hemos dicho, contiene más grasa, por lo que no se sacian y desean seguir mamando. Algunos toman tanta leche del principio que ganan bastante peso, pero la regurgitan —van sacando leche—. Además, están inquietos e irritables porque tienen muchos gases —no pueden digerir toda la lactosa que ingieren y los gérmenes intestinales la descomponen en gas— y hacen muchas cacas y muy líquidas, incluso después de haber cumplido el mes —a partir de esa edad, los bebés hacen menos deposiciones—.

TODAS LAS MUJERES
SOIS CAPACES DE AMAMANTAR CON ÉXITO

Si temes no tener suficiente leche, te conviene saber que el mecanismo de producción es tan fantástico que las madres de gemelos pueden amamantar de forma exclusiva a ambos. He conocido a mujeres que han lactado al pecho a gemelas y en tándem a un hijo mayor. Y a otras que han conseguido lactancias exitosas incluso con trillizos.

Ingresó una vez una lactante de tres meses en el hospital que llevaba dos con biberones. Su madre dejó de amamantarla porque le prescribieron un antibiótico y le dijeron que era incompatible con la lactancia —es compatible con la lactancia la mayoría de los medicamentos que puede recibir una madre, pero muchos médicos lo desconocen—. Ella estaba triste porque le hubiera gustado continuar dando de mamar a su hija. Como iba a estar unos días ingresada y ambas estarían juntas las veinticuatro horas, le comenté que podría intentar volverle a ofrecer el pecho. A las cuarenta y ocho horas la niña mamaba de forma exclusiva.

En algunas zonas rurales del mundo, cuando fallece una madre en el parto la única posibilidad de supervivencia para el bebé estriba en que alguna otra mujer le amamante. A veces su abuela, que lleva más de veinte años sin hacerlo y que no acaba de pasar por embarazo alguno, es quien a base de ponérselo al pecho consigue producir suficiente cantidad de leche y amamantarle con éxito.

También he conocido a mujeres que han adoptado a bebés y que han conseguido amamantar sin pasar un embarazo. Se preparan durante semanas estimulando la producción gracias a ponerse el sacaleches con frecuencia. No es fácil que después la lactancia sea exclusiva, pero en muchos casos supone alrededor del setenta y cinco por ciento del alimento que reciben.

Producir leche es muy caro para el organismo de la madre. El mecanismo de producción es muy fino y exacto. Cuantas más tomas haga el bebé, más leche se producirá, y cuanto mejor mame, más obtendrá.

Si tu hijo ha estado enfermo, mamará con menos frecuencia e intensidad —la producción de leche se habrá ido adecuando a la demanda—, pero cuando mejore sentirá otra vez apetito y reclamará más a menudo el pecho, que estará produciendo menos de lo que ahora necesita. Si, entonces, le ofreces el pecho a demanda —demanda que será alta—, en cuarenta y ocho horas volverás a producir tanta leche como tu hijo precise.

DISFRUTÁIS LA LACTANCIA

Si has leído el capítulo entero, temo que te quedes con la idea de que lo más probable es que tengas dificultades al amamantar. Incluso es probable que hayas oído que dar el pecho es doloroso, difícil y sacrificado.

El acto de amamantar es absolutamente natural entre las hembras mamíferas. Lo más habitual es que sea agradable e incluso placentero, y lo es porque, como ya hemos apuntado, la oxitocina que vas a segregar durante las tomas te va a dar una sensación de bienestar, de relax. Y lo es también porque el contacto físico tan estrecho entre tu hijo y tú te encantará. Con los meses, te acariciará la cara, te levantará la camisa y, más adelante, te pedirá él mismo la «tetita».

Dar el pecho no solo es lo más sano para la madre y el bebé, natural, ecológico, cómodo y limpio, sino que amamantar tiene que ser un momento muy agradable que compartir con tu hijo y tu pareja.

La planta de maternidad y la consulta de lactancia materna donde trabajo están llenas de pósteres en los que pone en letras bien grandes: «Disfrutad la lactancia». Y más abajo, en letra más pequeña, dice: «La lactancia es una experiencia que tú y tu hijo tenéis que disfrutar. Si no es así, pide ayuda». Ese es el objetivo: disfrutad la lactancia.

13
LE ALIMENTO CON BIBERÓN

En general, la mujer toma durante el embarazo la decisión de la forma de alimentación de su futuro hijo. Muchas tienen la oportunidad de asistir a clases de preparación al parto en las que se les habla de las diferencias entre la alimentación con lactancia materna y artificial.

Algunas madres se inclinan por el biberón tras una mala experiencia con su primer hijo; otras lo hacen por la dificultad, como hemos dicho, de compatibilizar la lactancia materna con su trabajo; algunas, porque relacionan la alimentación con leche artificial con una mayor autonomía. Incluso porque la consideran más cómoda.

Sea cual sea la causa, nuestro papel como profesionales es respetar su decisión y apoyar y ayudar a la madre que va a alimentar a su hijo con biberón. Nos duele cuando la decisión la toma la madre tras unos pocos días de lactancia materna. Puede que haya sufrido un dolor insoportable al amamantar, o que no soporte la ansiedad que le ocasiona creer que su hijo está pasando hambre, o que le haya influido la opinión de su entorno… Nos duele porque en estos casos sentimos que no hemos sido capaces de ofrecer a estas madres el apoyo que necesitaban para seguir adelante con sus lactancias.

También eres una buena madre

Algunas madres se sienten culpables por no dar el pecho a sus hijos, en muchos casos por la falta de comprensión de otras que sí decidieron hacerlo o porque, a pesar de su deseo de amamantar, el inicio se les hizo tan duro que acabaron cediendo al biberón.

Cada mujer es un mundo, es única. Detrás de cada una hay unos padres distintos, infancias particulares, unas experiencias bien diferentes. Cada relación de pareja tiene su propia dinámica. Cada personalidad es dispar, y no todos reaccionamos de igual modo ante las mismas situaciones.

¡Por supuesto que se puede ser buena madre dando el biberón! Esta manera de alimentar tiende a alejar a las mujeres de sus hijos porque otra persona puede encargarse de darles de comer y porque, como la leche artificial es indigesta, los bebés suelen dormir más y reclamarlas menos. Para compensarlo, y aunque tu hijo no lo manifieste, procura ser tú quien le dé de comer y aprovecha esos momentos para abrazarle y para intercambiar miradas. Los mimos y los besos nunca están de más.

Cómo darle el biberón

Se supone que la leche artificial se elabora para que se asemeje a la de la mujer, y aunque la alimentación con biberón posibilita que otras personas participen, es importante que sea la madre quien habitualmente se lo dé y que lo haga de forma similar a dar el pecho. Lo primordial es que el niño se sienta seguro y querido y, por lo tanto, que sea abrazado durante las tomas y que se encuentre en una posición cómoda para que le permita mirar a los ojos a su madre. De forma parecida a una madre que amamanta, que unas veces le ofrece el pecho derecho y otras, el izquierdo, es bueno alternar el brazo en el que se apoya su cabecita en cada toma.

Cuando una madre amamanta existe un contacto físico estrecho y muy íntimo entre ella y su hijo. Por eso, tras dar el biberón, ambos se pueden sentir igual de cerca si disfrutan del contacto piel con piel.

SE LO TOMA EN DOS MINUTOS

Suelo preguntar a cada madre en cuánto tiempo se toma el biberón su hijo, y muchas contestan, con satisfacción, que en menos de cinco minutos. Sin embargo, no es conveniente que lo tomen tan deprisa, sobre todo si se tiene en cuenta que los bebés amamantados tardan entre quince y treinta minutos en apurar una toma al pecho. Y suelo decirles también que cuando nosotros, los adultos, comemos muy rápido, no tenemos sensación de estar saciados y puede que luego no nos siente tan bien la comida.

Habrás oído que la tetina tiene que estar completamente llena de leche para que tu hijo no trague aire mientras toma el biberón. Por eso, muchas mujeres lo ponen en una posición muy vertical, aunque cuanto más vertical se administre, más rápido caerá la leche en la boca del niño. En estas condiciones, el bebé no tiene más remedio que tragar a toda velocidad, sin apenas tiempo para descansar ni respirar.

En realidad no hace falta que la tetina esté tan llena —mientras haya un poco de leche, aunque también haya aire, no pasa nada—. Por lo tanto, el biberón se puede poner más horizontal. En esa colocación tu hijo tendrá que hacer más esfuerzo para obtener el alimento, le dará tiempo a respirar y a descansar y tardará más en acabarse el biberón. Si tarda quince minutos, mejor que diez.

EL BIBERÓN DURANTE LOS PRIMEROS DÍAS

Como ya hemos dicho, el primer día tu hijo no tendrá apetito. Estará tan cansado como tú tras horas de parto. El recién nacido no nace con hambre —ha sido alimentado hasta el último momento a través del ombligo— y su estómago es muy pequeño, pues nunca ha necesitado ingerir comida.

Hemos comentado también que la capacidad de su estómago es de cinco a diez mililitros el primer día y de diez a quince el segundo. Se puede dilatar más, porque es elástico, pero entonces le dolerá. Y como le dolerá, se contraerá, y terminará vomitando, por lo que no es conveniente forzarle a tomar todo el biberón. Si lo quiere, si va succionando con fuerza, adelante; pero si no, es preferible que se deje una parte. Incluso en las primeras veinticuatro horas es probable que se deje algún biberón entero sin tomar.

El segundo día tendrá ya más apetito. Será ahora cuando haya que tener cuidado en administrarle el biberón lo más horizontal posible para que tarde más minutos en tomarlo. Aunque se acabe todo, en muchos momentos se buscará el puño y lo succionará. Que no te haga pensar esta acción que tiene más hambre, lo hace, como hemos visto, para sentirse protegido. Siempre que esté incómodo intentará calmarse succionando, pero lo conseguirá con más facilidad si está en tus brazos —o en los de tu pareja, o si está en la cama con vosotros, o, mejor aún, si disfrutáis del contacto piel con piel juntos—.

Cómo preparar el biberón

Si compras la fórmula artificial pasteurizada en brik, podrás administrarle la cantidad que creas que se va a tomar sin preparación previa. Pero si la adquieres en polvo, deberás reconstituirla con agua.

Hay que añadir por cada treinta mililitros de agua un cacito raso de polvo —podrás preparar treinta, sesenta, noventa, ciento veinte mililitros… a la vez—. En los botes de leche artificial ponen medidas orientativas según los meses del bebé, pero hay niños que pesan mucho más a la misma edad. Y aunque pesen igual, algunos necesitan comer casi el doble que otros. Si le administras el biberón lo más horizontal posible y a demanda, sabrás mejor que nadie cuánto necesita comer tu hijo y cuándo hay que aumentarle el volumen del biberón.

Biberón a demanda

Lo mismo que ocurre cuando se amamanta, es bueno que tu hijo tome el biberón cuanto tenga hambre y la cantidad que desee. Dicho de otra manera: no tiene que comer cada tres horas de reloj. Si está durmiendo tan tranquilo no hace falta que le despiertes, y si te lo pide antes, es preferible que no le aguantes hasta que llegue la hora —lo normal es que lo reclamen cada dos o cuatro horas—.

Es fácil que se deje algo de leche. Si sobra, tírala. Como en ocasiones en el polvo de la leche se han encontrado gérmenes que podrían ser peligrosos, la OMS recomienda hervir el agua cada vez y antes de mezclarla con el polvo —en contacto con agua recién hervida estos gérmenes desaparecen—. Si la calientas en un cacito, en el momento en que aparezcan las primeras burbujas en el fondo puedes retirar el recipiente del fuego y verterla en el biberón. Añadir luego los cacitos de leche en polvo que necesites y dejarlo enfriar antes de dárselo a tu hijo.

14
PIEL CON PIEL

La primera vez que oí hablar del contacto piel con piel fue hace unos veinticuatro años cuando estaba investigando sobre la lactancia materna en bebés prematuros. De hecho, al principio le llamábamos método canguro, que es el nombre que se utiliza para esta práctica en prematuros.

MÉTODO CANGURO

Me sorprendió mucho que esos bebés tan pequeños y frágiles se sacaran de las incubadoras y se colocaran desnudos en contacto piel con piel con sus madres. Me sorprendió porque en aquella época, en la mayoría de las unidades neonatales de los hospitales españoles, los prematuros permanecían sin salir de la incubadora durante semanas y meses, y no se permitía que nadie los tocara. Sin embargo, ya hacía años que el canguro se practicaba en Colombia, donde nació como hemos dicho anteriormente, en algunos hospitales de Estados Unidos y en los países nórdicos.

Mis colegas y yo leímos todos los artículos científicos pertinentes y conseguimos, en 1994, que la primera de nuestras prematuras disfrutara del canguro con su madre — aún recuerdo sus ojos empañados de lágrimas de la emoción—. Nosotros temíamos que la pequeña se enfriara o no tolerara bien el procedimiento, pero ocurrió todo lo contrario. Su temperatura aumentó hasta los treinta y siete grados y se mantuvo estable todo el rato. Se la veía confortable.

Poco a poco el canguro se generalizó. Las madres y los padres, al entrar en la unidad neonatal, veían a otros haciendo el canguro con sus hijos y enseguida pedían hacerlo ellos. La instauración de este método coincidió con la de la alimentación del prematuro con leche materna. Compramos sacaleches y abrimos un banco de leche de la propia madre para su hijo. Al principio, sin embargo, no relacionamos el canguro con la posibilidad de que los pequeños prematuros mamaran directamente del pecho materno.

Nació por aquellas mismas fechas otro bebé prematuro, de treinta y dos semanas de gestación y kilo y medio de peso, que había requerido respirador artificial durante veinticuatro horas. Decidimos que empezara a hacer canguro con su madre para que se estimulara. Nada más colocarlo piel con piel sobre ella, aquel pequeño empezó a moverse, colocó sus diminutas manos sobre el pecho de su madre, reptó hacia él y al cabo de unos minutos empezó a succionar con avidez. Fue una sorpresa enorme. Hasta entonces creíamos que con aquellas pocas semanas y con solo veinticuatro horas ningún bebé prematuro sería capaz de mamar y ni siquiera de succionar un biberón.

CONTACTO PRECOZ

Colocar piel con piel sobre sus madres a bebés tan pequeños nos fue relativamente fácil. Más complicado resultó que los recién nacidos sanos disfrutaran con ellas del contacto piel con piel nada más nacer. Muchos temían que se enfriaran, pero nosotros insistíamos porque sabíamos que los prematuros, mucho más proclives a perder calor, se calentaban más sobre su madre que en la incubadora.

Aprendimos cómo los recién nacidos estaban preparados para disfrutar del contacto piel con piel, cómo aumentaba su temperatura sobre su madre y cómo se recuperaban del estrés del parto. Y, sobre todo, cómo eran capaces, por sus propios medios, de acceder al pecho materno y mamar.

Las madres nos contaban lo bien que se sentían disfrutando de ese primer abrazo. Algunas, que no tuvieron a su primer hijo piel con piel, nos referían tras la experiencia que tenían la sensación de haber querido a este último bebé mucho antes.

CONTACTO TARDÍO

La inmensa mayoría de los estudios publicados trataba sobre el contacto precoz. Parecía que solo en el posparto inmediato los recién nacidos eran capaces de reptar hacia el pecho de su madre y mamar, como si luego perdieran esa habilidad. Y que solo durante esas dos primeras horas en contacto piel con piel se podía establecer el vínculo madre-hijo.

Algún otro estudio sugería que durante meses los bebés mantenían la habilidad de acceder al pecho por sus propios medios. Que, de hecho, nacían con una serie de reflejos innatos que se ponían en marcha si se colocaban piel con piel sobre su madre, y que daban lugar a ciertos movimientos —bracear, mover las piernas, extenderlas y estirarlas, chuparse el puño, lamer, babear, cabecear, girar la cabeza de lado a lado, abrir la boca enorme, agarrar el pecho y succionar de forma eficaz— siempre que no les interrumpiéramos.

Invitamos entonces a las madres de la maternidad a que practicaran el piel con piel con sus hijos, aunque ya hubieran disfrutado del contacto precoz nada más nacer. Si tenían pocas horas, era posible que allí se relajasen y se durmiesen. Si tenían hambre, se dirigirían hacia el pecho y mamarían. Unos tardaron más y otros, menos. Unos se detuvieron a mirar a su madre a los ojos antes de mamar y otros fueron directos a comer. Los más ansiosos, como los barracudas o los hiperdemandantes, necesitaron que su madre les calmase antes para que se pudieran agarrar al pecho por sus propios medios.

Si habían nacido por cesárea, durante las primeras veinticuatro-cuarenta y ocho horas, a las madres nos les resultaba fácil amamantarles por sus enormes dificultades para moverse. Las primeras veinticuatro horas estaban encamadas y parecería que solo podían dar el pecho de lado. Era una dolorosa odisea girarse. Entonces les propusimos, con la cama reclinada, que se colocaran tumbadas hacia arriba, con su bebé piel con piel, pero en bandolera —su cabecita colocada por encima del pecho y sus pies al lado contrario, con las manos de la madre ofreciéndole un punto de apoyo—. De esta manera no tenían necesidad de moverse. De hecho, todo lo debía hacer su hijo. Y lo hicieron. Cabecearon, bracearon y fueron descendiendo poco a poco hacia el pezón hasta acabar succionándolo.

PIEL CON PIEL CON EL PADRE

El contacto precoz con el padre se suele proponer cuando no se puede hacer con la madre. De esta forma, el bebé se

recupera del parto y se mantiene caliente. Y aunque él no huele como la madre, el recién nacido se siente igual de a gusto. Y
como sus reflejos innatos se ponen en marcha, es capaz de moverse, como hemos dicho, hacia el pezón de su padre… y succionar.

Si un bebé, en contacto piel con piel, puede agarrase al
pezón de un hombre —mucho más pequeño que el de la mujer—, que tiene vello y que no tiene pechos, ¡cómo no va a estar capacitado para agarrarse al de su madre, sea cual sea su
forma o tamaño!

Para el padre es tremendamente emocionante disfrutar de
este contacto, por lo que es aconsejable estimular esta práctica
no solo cuando la madre no puede, sino en cualquier momento
para facilitar la vinculación padre-hijo.

CRIANZA BIOLÓGICA

En ocasiones sugerimos a la madre colocar a su hijo piel
con piel para mamar, para que se dé cuenta de las capacidades
del niño o cuando le vemos intentar poner en marcha algunos
reflejos innatos que le facilitarían el acceso al pecho, pero que
le aleja de él si la madre intenta darle de mamar en brazos o de
lado en la cama.

En la consulta pediátrica de lactancia materna, a la que
acuden muchas madres que presentan dificultades para dar el
pecho, solemos sugerirles probar el piel con piel. Muchas no lo
han practicado nunca y dudan que dé resultado. Haber presenciado tantas tomas al pecho en piel con piel nos permite ayudar
mínimamente a estas mujeres las primeras veces que lo practican, ayudar sin molestar al bebé, sin interrumpir la secuencia
de sus reflejos.

El niño está en bandolera en vez de estar en posición completamente horizontal y la madre está reclinada entre quince y sesenta grados. En esta posición, la gravedad permite que el niño, una vez se ha agarrado, permanezca hundido en el pecho sin que la mujer tenga que hacer fuerza con sus brazos. Los pies del bebé están en contacto con las manos o los muslos de ella, no al aire como ocurre en otras posiciones.

Al colocarle piel con piel con los brazos a los lados de su cabeza, el bebé nota qué mama está más llena —está más caliente— y se suele dirigir hacia ella si tiene hambre. Una vez ha mamado del primer pecho, si lo colocamos de nuevo entre ambos y todavía quiere seguir comiendo un poco más, se irá por sí solo a por el otro.

Piel con piel sin lactancia materna

Son tantos lo beneficios del piel con piel para el bebé y para su madre, su padre o la persona que lo disfruta, que es muy recomendable, como hemos comentado, también en los casos en que se va alimentar al bebé con biberones de leche artificial.

Madres y padres de nuestra unidad neonatal practican el canguro con sus hijos prematuros en cuanto el bebé está estable, independientemente de si va a ser alimentado al pecho o no. Porque en canguro está muchísimo mejor que en la incubadora. Lo que oye, siente, huele, ve y el contacto que recibe es lo más parecido a lo que experimentaría en el vientre materno. Para su madre y su padre practicar el canguro representa acercarse a su hijo física y emocionalmente, superar sus miedos, familiarizarse con él y aprender a manejarlo —solo hay que ver las caritas de los bebés y las expresiones de los padres en canguro para darse cuenta—.

Si no hay impedimento, cualquier madre disfruta del contacto precoz de su hijo nada más nacer. Si la mujer ha decidido alimentarle con biberón, también, pues su hijo desconoce que no va a mamar. Más de una madre, al permitir que su hijo succionara, ha sentido una sensación tan agradable que ha cambiado de opinión y ha decidido amamantarle. En cualquier momento que se disfruta del piel con piel el bebé se sentirá seguro, protegido, caliente… y feliz.

Como ves, no me canso de repetir que el cuerpo de la madre —y del padre— es el mejor lugar para el pequeño bebé que acaba de nacer… y para el más grandote de meses.

15
CÓMO DORMIR

CÓMO ESPERO QUE DUERMA

Preocupa mucho a los padres cómo comerá su hijo —si comerá lo que necesita, que no pase hambre— y cómo dormirá.

Es posible que creas que tu hijo dormirá tranquilamente en su cuna entre toma y toma tanto de día como de noche. Si es así, esperas, por lo tanto, que duerma muchas horas al día y que por la noche las tomas se vayan espaciando hasta que duerma de un tirón. Además, es posible que hayas oído que es muy importante para su salud dormir muchas horas al día. Cuando un bebé cumple con estas expectativas, es decir, cuando come bien y duerme sin apenas llorar, todos dicen que es un niño buenísimo.

En nuestra sociedad, un niño bueno es aquel que necesita a su madre solo para comer. Porque se cree que sus únicas necesidades son no pasar hambre, estar limpio y dormir muchas horas al día sin que le molestemos. Y sí, es cierto que necesita dormir para su correcto desarrollo físico y cerebral. Pero necesita dormir tranquilo. Necesita sentirse bien para conciliar el sueño y necesita sentirse seguro para dormir tranquilo.

Puedes recordar cómo dormías tú por las noches, de niña. Si dormías en tu habitación o en la de tus padres. Si dormías tranquila o pasabas miedo. Y qué hacías cuando tenías miedo por las noches —muchos de nosotros recordamos noches de miedo, de despertarnos sobresaltados una y otra vez—. Quizás acudías a la habitación de tus padres para meterte en su cama… y así poder dormir tranquila. Si lo recuerdas, es que se trata de noches de tu vida en las que tenías al menos tres o cuatro años. A esa edad pertenecen nuestros primeros recuerdos. Y a esa edad éramos capaces de levantarnos de nuestras camas e irnos a la de nuestros padres por nuestro propio pie.

Sin embargo, no tenemos recuerdo consciente de las noches de los dos primeros años. Años en los que la dependencia de nuestros padres era máxima. Dependíamos de ellos para todo: para comer, para jugar, para desplazarnos, pero sobre todo para sentirnos seguros. Posiblemente, solo con ellos nos sentíamos seguros. Sin ellos, tremendamente vulnerables. Se trataba de un sentimiento, no era algo en lo que pensáramos, porque éramos incapaces de pensar. Pero era un sentimiento muy intenso. O completamente seguros o tremendamente vulnerables. Y cuanto más pequeños éramos, más intenso era ese sentimiento. De muy pequeños, o nos sentíamos seguros, y entonces estábamos muy bien; o en peligro, y entonces llorábamos porque estábamos muy mal.

Cómo duerme

Puede que empieces a notarlo durante las primeras noches. Acabas de ser madre, estás cansada tras un parto agotador y resulta que tu hijo apenas te reclama y duerme como un bendito en su cuna. Pensarás, como me manifiestan muchas madres en esas primeras horas: «Es muy bueno». Si estáis en un hospital como el nuestro, llegará el pediatra o la enfermera de la maternidad y te informará de que tu hijo está tan cansado como tú y que cuando se recupere, lo más probable es que necesite estar en contacto contigo. Ocurrirá el segundo día y, sobre todo, la segunda noche. Muchas madres experimentan cómo se tranquiliza si duerme con ellas en la misma cama. Algunas me dicen: «Claro, como ha estado todos estos meses dentro de mí, ahora necesita estar pegado a mí». Y subrayan el «ahora» como si se tratara de un comportamiento transitorio, poco duradero.

Los bebés necesitan dormir muchas horas al día, pero no las duermen de un tirón por las noches, sino en brotes de dos a tres horas a lo largo de todo el día. Hasta que cogen el ritmo noche-día se despiertan muy a menudo por las noches. Si recuerdas, en el embarazo notabas que se movía más por las noches que durante el día. Cambiar ese ritmo es algo parecido a lo que ocurre con el *jet lag,* pero los bebés tardan más en adaptarse. Muchos necesitan entre dos y cuatro semanas para dormir más por las noches. Dormir más no significa dormir toda la noche de un tirón, sino despertarse menos veces. Y tampoco significa dormir solos en su cuna o en su habitación. A los tres meses no están preparados para dormir toda la noche seguida en su propia habitación, en contra de lo que te digan, con la mejor intención, muchos familiares y amigos. De hecho, muchos se despiertan de nuevo más a menudo a partir de esa edad. Entonces te dirán que pasa hambre.

Otro de los tabúes relacionados con el sueño: no duerme más seguido porque pasa hambre. Mejor darle un biberón por la noche. O una buena papilla de cereales. Eso es exactamente lo que hacemos los adultos cuando queremos dormir mejor: atiborrarnos a comida. ¡Qué bien dormimos después de una cena copiosa! ¡O mejor, tras un banquete de boda! ¿Verdad que no?

Estáis cansados

La vida cambia enormemente cuando tenemos a nuestro primer hijo. A partir de ese momento lo más importante no somos nosotros, sino nuestro hijo. Atenderle, cuidarle, amarle... por encima de todo. Ocurre que hay muchas otras tareas que no podemos abandonar, como cuidar de la casa, comprar, hacer la comida, lavar y planchar la ropa. Y queremos seguir saliendo a tomar algo, a pasear unas horas, a ver a la familia, a nuestros amigos. Ocupamos nuestro tiempo durante el día y esperamos descansar como antes por la noche. Pero tu hijo tiene su propio ritmo y sigue con necesidad de alimento y protección también por las noches. Se despertará para tomar el pecho o para que le des el biberón, y no conciliará el sueño fácilmente si no sigue en contacto contigo mientras intenta volver a dormirse.

Y volverá a hacerlo varias veces. A lo mejor es de los niños que se duermen fácilmente tras la toma, pero quizás te habrás desvelado. Eso ocurrirá una noche tras otra.

Muchas madres adaptan su sueño al de su hijo. Como sus hijos las primeras semanas suelen dormir más plácidamente durante el día, ellas intentan hacer lo mismo. Para ello, necesitan que su pareja u otra persona se encargue de la intendencia de la casa. Sentirás que es complicado atender a tu hijo, te sentirás superada y temerás ser incapaz de cuidarle o de amamantarle. Necesitarás poner tus cinco sentidos en tu hijo. Si, además, no descansas bien durante el día y la noche, todo se te hará mucho más difícil. Intentar dormir durante el día, las horas en que tu hijo duerme, te facilitará atenderle mejor por las noches sin acusar cansancio.

CÓMO/DÓNDE DORMIRÁ MEJOR

Llegados a este punto, ya sabes que no vas a dormir plácidamente tres horas seguidas entre toma y toma. Pero sigues esperando o creyendo que dormirá en su cunita. Tu pareja y tú habéis comprado el capazo —o moisés— donde esperáis que duerma los tres primeros meses —hasta que se le quede pequeño—. El nombre es muy acertado. La madre de Moisés, temiendo que fuera encontrado por los soldados del faraón, lo colocó en un cestito de junco y lo puso en el río. Muy a su pesar, lo abandonó. Lo dejó solo. Así de solos se sienten nuestros hijos cuando los dejamos en el moisés. Si no se siente en contacto contigo, se siente solo. Y sentirse solo es sentirse en peligro. Llorará para que le tomes en brazos, para transmitirle seguridad.

Algunos autores comparan el modo en que duermen los bebés en la cuna con el tipo de sueño que experimentarías si durmieras sola, a la intemperie, en un bosque desconocido. Acabarías durmiendo, porque estarías cansada, pero te irías despertando sobresaltada una y otra vez por el efecto de las hormonas del miedo y las del estrés que estarían muy altas. Y al final tendrías la sensación de haber descansado muy poco y muy mal.

Esos despertares intermitentes del bebé que duerme solo en su cuna primero se manifiestan con su llanto, llanto que expresa su pánico y su necesidad de ser atendido y confortado. Si no es atendido, acabará por callar y dormirse de nuevo, con ese sueño nada reparador, medio en alerta…, para volver a despertar aterrorizado. Una y otra vez. Y sí, si sigues firme sin atenderle cuando llore, con el tiempo dejará de expresar el terror que siente y no llorará al despertar. Has leído bien: sigue sintiendo terror, pero no te lo hará saber. No lo manifestará porque habrá aprendido que no le vas a atender. No ha aprendido a dormir bien solo, ha aprendido que su madre no le va a tranquilizar cuando se sienta mal, que nadie le va a tomar en brazos cuando se sienta desesperado porque eso es exactamente lo que ha experimentado cada noche. Inactiva su sistema de apego porque el llanto consume mucha energía. En efecto: ha aprendido a no llorar por las noches, a pasar la noche solo, aterrorizado. Sabe que su madre quiere que no llore, que no la reclame y eso es exactamente lo que hace… a costa de su propia tranquilidad. Pasar miedo una y otra noche durante la época de la vida en la que se está formando su cerebro le pasará factura.

Es frecuente que surja este tema con las madres de nuestra maternidad o de las consultas de lactancia. Cuando les decimos que sus hijos pasan miedo en la cuna, muchas madres de la maternidad se alegran de poder dormir con su hijo en la misma cama. Pero no son pocas las madres que nos plantean varias objeciones: «¿Y si le aplasto?», «Me da miedo hacerle daño mientras duermo», «¿No es más seguro que duerma en su cuna?», «Es que si le pongo a dormir conmigo, no querrá dormir nunca más en su cuna. Tengo que acostumbrarle a dormir solo».

Sincronizaréis vuestros sueños y dormiréis mejor

Cuando duermen juntos en la misma cama se sincronizan los electroencefalogramas de la madre y de su hijo. Por lo tanto, las madres que dormís con vuestros hijos en la misma cama —que practicáis el colecho— dormís vigilándoles. Tiene mucho sentido. La naturaleza os confía su cuidado y os facilita que le protejáis día y noche.

Se ha comprobado que las madres que amamantan a sus hijos y que practican el colecho tardan menos en dormirse, experimentan periodos más prolongados de sueño reparador y duermen más. Si recuerdas, cada vez que mama segregas oxitocina para que la leche salga del pecho; y prolactina, para ir fabricando más leche. Pues bien, la oxitocina te relaja tanto que te facilitará el sueño. Muchas madres me comentan: «No sé cuántas veces mama por la noche. Solo sé que de vez en cuando noto que se ha agarrado al pecho y que está mamando».

En general, durante el colecho las madres duermen de lado, haciendo una C con su cuerpo y su hijo se colocan el centro de esa C, también de lado. Como en el interior de un pequeño nido. Así, de lado, al bebé le es muy fácil acceder al pecho de su madre por sus propios medios y mamar, sin necesidad de despertarla.

No, no es fácil aplastarle. Es más difícil que aplastar a tu pareja mientras dormís y seguro que eso no ocurre.

Colecho seguro

Se ha hablado tanto de la muerte súbita del lactante… Es terrible cuando ocurre. Pensarás: «De ninguna manera pondré a mi hijo en peligro». Porque alguien te habrá dicho que la muerte súbita es más frecuente si el bebé duerme con su madre en la misma cama.

La incidencia de muerte súbita se ha reducido drásticamente, por suerte. Recuerdo haber visto a varias parejas acudir desesperadas a urgencias con su hijo de pocos meses en brazos, porque lo habían encontrado muerto en la cuna de su habitación. Esos pequeños cuerpos estaban ya rígidos cuando nos los traían, lo que significaba que llevaban horas muertos cuando sus padres entraron en su habitación —en inglés, muerte súbita del lactante se llamaba *cot death*, que significa 'muerte en la cuna'.

Posteriormente, se encontró una relación entre la posición en la que el bebé dormía en la cuna y la muerte súbita. Desde que se recomienda que los bebés duerman boca arriba se ha reducido significativamente la incidencia de esas muertes.

Numerosos estudios sobre muerte súbita del lactante hablan del colecho seguro si se cumplen una serie de recomendaciones: que no exista ningún factor que altere esa sincronía del sueño madre-bebé: consumo de drogas o alcohol, cansancio extremo, obesidad. Que la madre no haya fumado durante el embarazo ni después. Porque eso altera la respuesta del centro respiratorio del bebé tanto en el colecho como en la cuna. Que no duerman juntos en un sofá. Dormir en el sofá aumenta el riesgo de muerte súbita porque el bebé puede dormirse en posiciones que dificulten su respiración.

Además, amamantarle le protege frente a la muerte súbita —o dicho de otra manera, no amamantarle aumenta ese riesgo—, tanto si colechan como si duermen separados. Pero es cierto que la mayoría de los bebés que maman a demanda duermen con sus padres.

Se irá solo de vuestra cama

Cuando noche tras noche y mes tras mes tu hijo se haya acostumbrado a que duerme tranquilo y seguro, esa confianza, esa tranquilidad casi permanente conseguirá que aprenda a regularse a través de tu respuesta, a través de tus cuidados día y noche. Y llegará un día en el que decidirá que quiere dormir solo. Eso ocurre a partir de los dos años. Es una habilidad que tiene que adquirir, como lo es empezar a andar o hablar. Cada niño necesita su tiempo. Algunos han decidido abandonar la cama de sus padres a los dos años. Otros tardan algún año más.

En la cuna, con vosotros

Si pese a haber leído que es seguro dormir con tu hijo en tu cama, no te sientes tranquila practicando el colecho, existen otras posibilidades.

Hay cunas que se colocan a la altura de la cama de matrimonio, sin baranda separadora, que permite al bebé dormir en su propio espacio, pero muy cerca de ti, al alcance de tu mano. Son las llamadas cunas colecho.

Cuando duermen en la cuna colecho duermen más tranquilos que completamente separados de sus padres y pueden mamar a demanda sin problemas. En muchas ocasiones, si durante la toma nocturna de pecho la madre se relaja y se duerme, el bebé acaba por dormir junto a su madre.

Por otro lado, hay bebés que necesitan conciliar el sueño pegados a su madre, pero que, una vez dormidos profundamente, son capaces de seguir durmiendo sin requerir contacto permanente con ella. Si has comprobado que solo es capaz de

dormirse si está contigo pero que luego duerme tranquilamente en su cuna, que eso ha ocurrido una y otra vez y que despier-
ta feliz, le estás dando lo que él te ha expresado que necesita.
Si duerme en su cuna, pero en vuestro cuarto, él y tú dormiréis
mejor.

Muchos bebés practican colecho

Así ha venido ocurriendo en la historia de la humanidad.
Hasta hace relativamente poco tiempo, las habitaciones de las
casas no tenían prácticamente habitaciones. Y las familias tenían muchos hijos.

Actualmente, más de la mitad de los niños del mundo son
criados en las zonas rurales de África, Asia, Oceanía y Latinoamérica, son llevados en porteo y duermen cada noche con
sus madres en el mismo lecho. Pero es que incluso en los
países más occidentales, muchas parejas acaban por dormir
con sus hijos en la misma cama porque han comprobado que
así todos duermen mejor. Lo que ocurre es que no lo confiesan, porque el colecho está mal visto. Ellos pasan por tontos
—no le han sabido enseñar a dormir solo— y su hijo por
malo.

¿Cómo se comporta el resto de los mamíferos? Nos sor-
prendería ver unos cachorritos de perro recién nacidos colocados en cajas de cartón cerca de su madre. Como seguramente
protestarían y llorarían, les sacaríamos y los pondríamos junto
a su madre, para que así se sintieran más protegidos y pudieran
mamar cuando lo desearan.

Sabemos que los cachorros mamíferos son muy indefensos
y presas fáciles para los depredadores. Gracias a que las madres los alimentan con su propia leche no tienen que separarse

de ellos para buscarles el alimento y les siguen protegiendo frente a posibles peligros. Esa necesidad de protección, esa tremenda vulnerabilidad ocurre día y noche. Todos los cachorros mamíferos duermen junto a sus madres. Solo así están seguros. Solo así se sienten seguros.

16
QUÉ COMERÁ A PARTIR DE AHORA

Llevas seis meses amamantando a tu hijo. Tu leche es lo único que toma —o los biberones de leche artificial— y todavía no ha recibido ningún otro alimento. Pero has oído que los bebés empiezan a comer otras cosas hacia esta edad. Te lo habrán dicho tus padres —en su época los niños empezaban antes con las papillas—, parientes e incluso el personal sanitario del ambulatorio o el mismo pediatra. Además, la situación se solapa posiblemente con tu vuelta al trabajo. Estás preocupada porque no sabes cómo aceptará tu hijo tus ausencias por motivos laborales y, además, porque tendrá que empezar a probar nuevas comidas en un momento tan delicado para él y para ti. Y, como siempre, te preocupa no hacerlo bien.

Empiezas a recibir mucha información sobre el tema. Tal vez, demasiada. Es probable que la enfermera te haya dado ya un listado de las papillas a «introducirle» en un orden riguroso que, además, es idéntico para todos los bebés que en esa consulta atienden. Pero distinto al de alguno de los hijos de tus amigos que van a otro ambulatorio, donde les han hablado incluso de la alimentación autoguiada. Y tal vez hayas comprobado que las madres del grupo de apoyo al que vas regularmente hablan de ese tipo de alimentación.

Te confundirán frases como «Tiene que empezar a probar la comida» —como si tu leche no fuera un excelente alimento—, «Tendrás que empezar a destetarle» —que parece implicar que ya no necesita mamar—, «Vamos a "introducirle" alimentos sólidos» —expresión que seguramente habrás oído del profesional sanitario y que te hará pensar más en darle un bocadillo que comidas chafadas o en papillas, y que habrá que forzarle a tomarlos—.

Intentaré ofrecerte información útil para empezar esta nueva etapa.

EL ALIMENTO MÁS COMPLETO, LA LECHE MATERNA

Es probable que por influencia de los biólogos, el concepto de destete se pusiera de moda entre los pediatras y el personal sanitario. Si bien los biólogos explican que esto ocurre cuando el cachorro deja de alimentarse con leche de su madre, en el ser humano se aplica al inicio de la alimentación complementaria.

Usado en ese momento, destete parece decir que el bebé ha de dejar progresivamente el pecho. Sin embargo, la leche materna es lo único que necesita el cachorro humano durante los primeros seis meses para alimentarse. Luego sigue siendo un sustento importante para él.

La idea de que la leche materna apenas nutre al bebé a partir de cierta edad —un año o más— está muy extendida. Incluso entre algunos profesionales de la salud que no dudan en recomendar, como hemos dicho, retirar la lactancia cuando tienen que recetar a la madre algún medicamento que temen que pase a su leche y perjudique al niño —y, total, piensan, como tiene seis meses ya no le alimenta—. Sin embargo, la leche a partir del año no solo conserva su calidad, sino que aporta algo más de calorías. Y no solo eso: la mayoría de los alimentos que el bebé de esa edad puede ingerir no son tan calóricos ni valiosos desde el punto de vista nutricional como la leche materna.

Ten en cuenta que tu leche ha conseguido que tu hijo doble su peso en estos primeros pocos meses y que su cerebro se desarrolle mucho más que en el resto de su vida. Sí, con solo tu leche; imagínate lo completa que es. Y lo sigue siendo siempre. Sabemos que los bebés amamantados exclusivamente durante seis meses crecen y se desarrollan de manera adecuada. Y que muchos otros han crecido muy bien tomando solo pecho incluso durante más tiempo.

A partir del sexto mes, el niño está preparado para recibir alimentos distintos a la leche de su madre, pues su intestino se ha hecho impermeable a las macromoléculas, lo que significa que si recibe alimentos que contengan proteínas no humanas es menos probable que pasen a su sangre y sean reconocidas como extrañas por el sistema inmune.

Con esta edad cumplida, la mayoría de los niños están preparados para probar alimentos diferentes a la leche. Además, ya son capaces de sentarse con apoyo, han perdido el reflejo de extrusión —mediante el cual expulsa de forma refleja una cucharilla de su boca con la lengua—; han mostrado interés —se han abalanzado hacia él— o rechazo —han girado la cara apartando la boca del trayecto de la cuchara— hacia un alimento concreto; y han podido llevarse uno determinado a la boca. Sin embargo, si el niño ha nacido muy prematuro, su madurez neurológica será la adecuada a su edad corregida —unos meses menos que la real—, y al sexto mes todavía no muestra estas capacidades.

ALIMENTOS RICOS EN HIERRO

Los estudios demuestran que con solo leche materna más de seis meses algunos cachorros humanos, y solo algunos, pueden tener déficit de hierro. Es importante destacar que la mayoría de estas investigaciones se hicieron en una época en la cual se pinzaba el cordón umbilical nada más nacer. Ahora sabemos que si se deja sin pinzar más de dos minutos —incluso si se deja hasta que ya no late el cordón—, la placenta bombea sangre al recién nacido, con lo que aumentan sus reservas de hierro y, por lo tanto, se reduce drásticamente la posibilidad de déficit de hierro a los seis o más meses.

Si asumimos que se trata de aportarle ese mineral del que puede ser deficitario, deberíamos ofrecerle alimentos ricos en él: legumbres —lentejas, garbanzos, guisantes, judías...—, carne, pescado y huevos.

Cuando se descubrió la posibilidad de este déficit se comercializaron papillas de cereales hidrolizados enriquecidos con hierro. Por lo tanto, si a un bebé de esa edad se le ofrecen ese tipo de papillas, se previene la posible carencia de este mineral, pero no si toma papillas de arroz hervido o trozos de pan, ya que los cereales apenas lo contienen.

Muchas madres saben que el primer alimento que les recomiendan para sus bebés amamantados es la papilla de frutas. Estas no les aportan nada que no contenga su leche y son mucho menos calóricas que la humana. Lo mismo pasa con las de verduras. En general, no se les ofrecen alimentos ricos en hierro hasta por lo menos los siete meses —carne—; nueve meses —legumbres—, diez meses —pescado— y doce meses —huevo—.

Ofrecerlo después de mamar

Si tenemos en cuenta, como ya hemos dicho, que la gran mayoría de los bebés están perfectamente alimentados solo con leche de su madre durante más de seis meses, el resto de los alimentos se les debe ofrecer después de haber mamado. Decimos «ofrecer» porque, una vez bien satisfecho tras la toma, se pretende que el niño empiece a tener contacto con otros alimentos. Si se le ofrece, él puede hacernos saber que no lo quiere; si se le introduce, se le fuerza a comerlo.

Las papillas son un invento moderno que nacieron con los minipimers. Hasta entonces, en todo caso las madres chafaban lo que preparaban a sus hijos con un tenedor y, por lo tanto, lo que el bebé ingería no tenía consistencia semilíquida, contenía grumos y había que mordisquearlo.

El objetivo de la alimentación complementaria es que tu hijo acabe por comer por sí solo lo mismo que el resto de la familia, lo que se suele conseguir hacia los dos años de edad. Si deseas continuar amamantándole, la leche —y derivados— que necesita debe ser, en lo posible, la tuya.

Alimentación autoguiada

Los bebés van probando otros alimentos por simple curiosidad. Cuando una madre tiene a su hijo en su falda mientras la familia está en la mesa comiendo, este se interesa por los alimentos, los toma y se los lleva a la boca. Lo que hace es probarlos, acostumbrarse a su sabor —o reconocerlo, porque la leche materna como hemos dicho cambia de sabor según lo que se coma—, aprender a masticarlos e ingerirlos. No está haciendo una comida importante ni sustituye la toma al pecho por esos picoteos. Esa es la base de la alimentación autoguiada o *baby lead weaning*.

Una vez ha tomado el pecho, se coloca al bebé frente a cuatro o cinco muestras de diferentes alimentos que pueda sujetar con sus manos —por ejemplo, un plátano, un trozo de pan, una patata hervida, una zanahoria pelada y hervida, una pequeña muestra de hamburguesa…— y él los probará y se empezará a acostumbrar a ellos. Es su inclinación a investigar, su curiosidad, la que hará el resto. Aumenta su conocimiento mientras se divierte —y se ensucia, por supuesto—.

A medida que pasan los meses va aumentado el volumen y la importancia de esos alimentos, y mejora su destreza —empieza a utilizar una cuchara, etc.—. Hasta el año, primero toman el pecho y luego estos otros. Después, el pecho suelen tomarlo como postre o como único alimento en tomas aisladas. Se ha visto que de este modo escogen el que necesitan, se desarrollan correctamente, se conserva su relación hambre-saciedad y luego les es mucho más fácil diversificar su dieta.

Cuánto tiene que comer

El problema de la alimentación en nuestra sociedad no es la desnutrición, es la obesidad. Es posible que tengas miedo de que tu hijo no se nutra adecuadamente, que coma poco. Sin embargo, los bebés tienen la relación hambre-saciedad bien equilibrada. Cuando no necesitan más, no comen más; y reclaman el alimento cuando tienen apetito. Forzar al bebé a comer o utilizar la comida como premio o distraerle para que coma más, rompe ese equilibrio. Tiene que ingerir lo que necesita, no lo que los padres creen que ha de comer.

Los bebés tienen diferentes temperamentos y características físicas. Algunos de ellos, en general menuditos, se quedan
saciados con poco alimento; y otros, normalmente los barracudas, llegan a comer el doble que los primeros. La mayoría están
en un término medio.

En todo caso, a partir de los dos años ingieren en proporción a su peso. No necesitan comer más porque tengan que
crecer, ya que solo gastan alrededor de un tres por ciento de lo
que toman en hacerlo. Por lo tanto, un niño de dos años —que
suele pesar alrededor de doce kilos— debería comer al día la
quinta parte de lo que un adulto —de unos sesenta kilos de
peso medio—. Y en cada comida la proporción tendría que ser
menor, pues ellos comen cinco o seis veces al día y nosotros,
solo tres. No es extraño que hagan «bolas» con la carne a partir del tercer o cuarto trozo —la décima parte de un filete—, ya
que no necesitan comer más.

Forzar a tu hijo a comer algo que no le apetece solo consigue que «aburra» la comida y que esos momentos, en vez de
ser placenteros, se conviertan en pequeñas guerras de nervios
—y sin éxito, ya que no por insistirle comerá más—. Qué diferente es que comparta la mesa con la familia y que pueda par-
ticipar de la comida por sus propios medios, cogiéndola primero con las manos y más adelante con los cubiertos. Y que coma
exactamente la cantidad que quiera —relación hambre-saciedad—. Si para ti comer es un placer, has de conseguir que lo
sea también para él.

17
LA IMPORTANCIA DEL JUEGO

La ocupación principal de la infancia es el juego. Jugando es como se aprende más y mejor. El cerebro se desarrolla cuando se entusiasma; y, cuando juega, se entusiasma cada pocos minutos. Mientras juega, tu hijo muestra y desarrolla sus extraordinarias cualidades innatas, como la constancia, la concentración, la capacidad de sobrepasar sus propios límites, la creatividad y la libertad. Jugando puede volar, ser un avión, un pájaro, o un superhéroe. No es conveniente sacrificar o reducir sus horas de juego con la excusa de que tiene que aprender.

Tu hijo tiene un enorme potencial. El día de mañana puede acabar siendo o haciendo cualquier cosa. Y puede hablar muchos idiomas. Es capaz de encontrar muchas respuestas a una pregunta, de encontrar muchas soluciones a un problema y multitud de usos a un objeto. Para él una misma caja de cartón puede ser un coche, una casa, un piano, un tren; y una simple botella, un cohete, un rodillo de amasar o un micrófono.

El juego en el niño

El juego debería ser la actividad más importante de los niños, pues mientras juegan, disfrutan y aprenden. Conforme vayan adquiriendo habilidades motoras y de relación, irán cambiando el tipo de juego que practiquen. Jean Piaget, psicólogo y biólogo suizo, describió tres estadios evolutivos en los que predomina una forma de juego.

Durante los dos primeros años tu hijo practicará juegos de ejercicio que repetirá incansable. Morderá y chupará objetos. Un día se mirará las manos por primera vez, como si descubriera que son suyas y, al cabo de poco tiempo, cogerá cosas a su alcance con esas manos que ya dominará; las agitará, golpeará… y lanzará una y otra vez. Pronto le llamarán la atención otras de colores vivos y los sonajeros, que hacen ruido al agitarlos. Un día se arrastrará y gateará, y gracias a esa nueva habilidad alcanzará objetos lejanos con los que enseguida jugará. Al mantenerse sentado sin apoyo, aumentará, además, su autonomía. Tendrá juguetes a cada lado con los que entretenerse. Le encantará amontonar piezas de madera, como las de colores vivos que hay en los juguetes de construcción.

La relación con vosotros cada vez es más activa. Un día sonreirá en respuesta a vuestra sonrisa —y se os caerá la baba— y acabará por reírse a carcajadas —que, por cierto, suelen ser muy contagiosas—. Os tocará y responderá a vuestras caricias. Se esconderá tras sus manos, convencido de que no le veis —«El niño no está»—; os imitará e incitará a jugar con él, a cantarle —*Cinco lobitos*— y acabará por cantar con vosotros. Y parecerá no cansarse nunca —«más, más» o con mayor probabilidad, «ma, ma»—.

Cuando se mantenga en pie apoyado y comience a desplazarse de lado, no tardará mucho en caminar. A partir del año y medio el niño busca objetos, consigue activar juguetes mecánicos y es capaz de imitar acciones que ha visto sin que el modelo esté presente en ese momento —hará como si comiera de un plato, como si hablara por teléfono—. Este tipo de juegos contribuyen a su desarrollo sensorial y del equilibrio, mejora la coordinación de movimientos y le ayuda a conocer el mundo que le rodea y a interaccionar con su cuidador. Aprende que cuanto más los practica, mejor le salen.

Desde el año y medio y hasta los siete años aparece, y cobra una importancia capital, el juego simbólico. El niño simula situaciones, personajes y objetos que no están presentes. Juega a dar de comer a los muñecos, a papás y a mamás, a médicos, a indios y vaqueros, a policías y ladrones... Y un palo puede usarlo como si fuera una cuchara —mis padres me contaron que un año me regalaron para Reyes un coche a pilas que podía guiar mediante un mando, y que yo saqué el coche de la caja, até una cuerda a esta y me entretuve con ella arrastrándola por toda la casa sin hacer caso del coche—.

Los roles y los temas se van haciendo cada vez más complejos y las reglas, cada vez más cambiantes. Se combinan los juegos simbólicos —con estos comprenden y practican los roles de los adultos, aprenden a compartir, dar y recibir, a empatizar y a socializarse— con los de ejercicio. El «que te pillo» puede ser sencillamente correr detrás del otro hasta que le toca o puede tener reglas más enrevesadas —hay una «casa», solo se puede tocar al que está de pie en el suelo, se pueden hacer trampas...—.

Los pequeños pueden pasarse horas jugando solos mientras hablan en voz alta —con un lenguaje al principio poco inteligible—, con juguetes que mueven, que invaden otros planetas, que luchan entre ellos... O pueden reclamar la participación de sus padres o de otros chiquillos. En realidad, les llaman mucho la atención los niños mayores, a quienes imitan y con los que aprenden otros juegos. Desarrollan el lenguaje, la imaginación y la creatividad.

Jugar con otros niños

Recuerdo imágenes de documentales con cachorros de león jugando entre ellos. Mientras lo hacían, aprendían a moverse, a saltar, a pelear, a escabullirse. El juego también es muy importante para el adecuado crecimiento del niño.

De pequeño pasaba todos los fines de semana y los meses de verano en un pequeño pueblo del Maresme. Nada más llegar allí, salía a la calle y solo volvía a casa para comer y dormir. Nos juntábamos niños y niñas de diferentes edades. Aprendíamos de los mayores. Allí subíamos a los árboles, probábamos las frutas directamente de ellos, recuerdo comerme tomates a mordiscos, explorábamos y explorábamos, corríamos, nos perseguíamos, reíamos, nos enfadábamos e hicimos amigos con los que seguimos en contacto. Cuando evoco mi infancia, no pienso en Barcelona, donde vivía, sino en Sant Cebrià de Vallalta. No pienso en la ciudad de Barcelona porque allí no hacía vida de calle. Recuerdo, eso sí, mi casa, donde jugaba con mis hermanos. Pero el contacto con otros niños solo lo tenía en el colegio.

Muchos padres son conscientes de la necesidad de sus hijos de tener contacto con otros chicos y chicas. Han visto que desde muy pequeños les atraían sus risas y lo que hacían los demás. Los niños necesitan a otros niños. Pueden encontrarlos en los parques de las ciudades; es una forma muy común de relacionarse con otros de edades diferentes porque sus padres están allí, a su alcance, normalmente sentados en un banco hablando con otros padres... de lo que hacen sus hijos.

DISPUESTOS SIEMPRE A DIVERTIRSE

Durante los primeros meses el niño establece, como hemos dicho, una relación de apego fundamental con su madre; y también con el padre, que acaba vinculándose con él si le confiere seguridad y protección. Fomentar esa unión es esencial para que el padre conozca al hijo y el hijo al padre, y qué mejor manera de hacerlo que mediante el juego —jugar y jugar con él, cantar juntos, contar y escenificar cuentos, salir a pasear, acompañarle al parque o recogerle del colegio—.

Lamentablemente, he conocido a alguno —y también a alguna madre— que le ha dicho a su hijo si lo que estaba haciendo era jugar o no; que le ha impuesto incluso cuando «tocaba» entretenerse y cuando no; que ha esperado de él un comportamiento de adulto, adaptándose a sus horarios y costumbres, a su ritmo de descanso y que le ha reñido cuando el pequeño ha jugado donde no le «correspondía».

En general, los adultos reprendemos a los niños cuando creemos que molestan y esperamos que les apetezca jugar cuando nosotros estamos dispuestos a ello.

Los padres deben permitir a su hijo que sea él quien dirija el juego. Aprenderán de él su tolerancia, su entusiasmo y a tener la mentalidad abierta, tres cualidades que apreciamos y quisiéramos tener los mayores.

Como a todos, es seguro que a tu hijo le guste, por ejemplo, dibujar; cuando lo haga, no es conveniente que le preguntes qué ha dibujado, él no pretende reproducir lo que ve. No es un adulto en una clase de pintura. Cuando dibuja juega y plasma en el papel lo que ha soñado e imaginado de lo que ha visto; expresa su mundo propio. Y su mundo propio es solo suyo. Está fuera de lugar criticarle o corregirle. Puede ser bueno estimularle a seguir pintando y decirle lo que te gusta y lo bien que lo hace. Tiene que sentir que le quieres porque es como es y porque hace lo que hace.

Retenemos mucho más lo que aprendemos mientras nos emocionamos. Se trata de divertirse aprendiendo. El juego contiene todos estos elementos junto a la imitación. Tu hijo no aprende solo lo que le dices. Aprende, fundamentalmente, aquello que ve. Y si lo que dices no es congruente con lo que haces, retendrá lo que te ha visto hacer. Quieres que tu hijo sea feliz, pero él lo es si tú lo eres, porque eres su ejemplo.

18
CÓMO ME COMUNICO CON ÉL

NO SE COMUNICA MEDIANTE EL LLANTO

«Como no sabe hablar, llora», dicen muchos; sin embargo, el llanto es lo último que tu hijo utiliza para comunicarse contigo.

Está muy generalizada la idea de que solo hay que atender a los bebés cuando lo reclaman —cuando lloran—, y que, mientras tanto, pueden permanecer solos y los padres pueden dedicarse a sus tareas. Incluso se cree, como hemos dicho, que no pasa nada si lloran un rato, que pueden esperar a ser atendidos y que de hecho es bueno que aprendan a hacerlo. Como el resto de los cachorros de los simios, los nuestros necesitan el contacto permanente con su madre —o con cualquier otro adulto que los cuide— para sentirse seguros. El llanto, por lo tanto, es su último recurso para llamar la atención de su cuidador —que, habitualmente, eres tú—.

El desconocimiento de las señales previas que emiten los niños hace que la mayoría de las nuevas madres esperen a que su hijo llore para ofrecerle el pecho, para tomarle en brazos, para cambiarle los pañales y, en general, para atenderle. En nuestra cultura es frecuente oír llorar a los bebés porque solo son tenidos en cuenta cuando lo hacen, cuando ya no pueden más. Hemos perdido la sensibilidad hacia su llanto. No nos afecta —«¡Qué pulmones tiene!»—. No somos conscientes como hemos visto de lo mal que lo está pasando.

En zonas rurales de África, Asia, Oceanía y Latinoamérica, donde los bebés son llevados permanentemente encima mediante telas o fulares, apenas se les oye llorar. En la llamada crianza natural el recién nacido está los seis primeros meses enganchado siempre a su madre, quien hace sus tareas y se mueve con su hijo colgando. Estas mujeres, que han convivido desde jóvenes con otras madres y que a los pocos años han cargado a sus pequeños hermanos a sus espaldas, conocen perfectamente las señales de los cachorros humanos y les atienden sin esperar a que lloren. Estos, en alerta inquieta, mueven las extremidades con un ritmo concreto, ritmo que las madres sienten en su cuerpo, que lo reconocen y que les avisa para hacerles orinar, defecar y ofrecerles el pecho. Por lo tanto, desde muy pequeños, manifiestan y comunican sus necesidades en alerta inquieta.

COMUNICACIÓN DURANTE LA ALERTA TRANQUILA

En la maternidad donde estoy, trabajo diariamente con madres y recién nacidos. A mis compañeros y a mí nos preocupa mucho que cada una de estas mujeres sepa que su hijo le mira a los ojos si está tranquilo —recordemos que ve perfectamente de cerca—. Es necesario que conozca y aprecie esas señales y disfrute del bebé cuando se interesa por ella, pues si en ese momento la madre le mira y le habla, se establece una profunda comunicación emocional. Se estrecha el entendimiento entre ambos, un entendimiento que va más allá del aspecto físico, ya que el cachorro humano capta las emociones que siente su madre a través de los ojos y de su voz, y le devuelve esa mirada llena de interés, profunda, tranquila que refuerza a la mujer para que le tenga en brazos, le mire y le hable.

Es un diálogo entre ambos basado en la comunicación no verbal que consigue que la madre se enamore de su hijo y le cuide. Es importante aprovechar esos instantes para que tanto ella como el padre conversen con él —en ocasiones veo a bebés despiertos y tranquilos en sus cunas sin que nadie les haga caso; como no lloran, no necesitan nada—, pues los primeros días son pocos los minutos seguidos en que les encontramos en alerta tranquila.

La madre tiene la capacidad de conseguir calmar a su hijo si llora o si se muestra inquieto como si fuera a romper a llorar. Es tan sencillo como tomarle en brazos, mirarle a los ojos y hablarle dulcemente. A continuación será él quien devuelva una mirada relajada e intensa de profundo agradecimiento.

ADQUISICIÓN DEL LENGUAJE

El lenguaje es una de las características que nos diferencia del resto de los animales y que nos sirve para comunicarnos con los demás. Sabemos que nada más nacer el bebé es capaz de distinguir y reconocer a su madre por su voz, y que prefiere escucharla a ella, pues es a quien ha oído mientras crecía en su interior. Después, la madre —el padre o los cuidadores en general— hablará con él cuando le tenga en brazos, cuando le mire y cuando le preste atención.

Precisamente hablarle es lo que estimulará su atención. Por eso, al principio le puedes ir contando lo que vas a hacer con él —«Ahora te cambiaré la ropa y nos iremos a pasear»— o lo que estás haciendo en ese momento —«No te gusta que te desnude», «Ahora te pasaré el brazo por la manga», «Con esto estarás más abrigado»…—.

Poco a poco tu hijo empezará a balbucear —«Dice ajo»— y a emitir sonidos que suele repetir. Antes de hacerlo se comunicará mediante el lenguaje gestual, lenguaje que, más adelante, acompañará a sus palabras.

El lenguaje gestual empieza entre los ocho y los doce meses, tomando un objeto con las manos y captando la atención del adulto, señalando las cosas que quiere o las que no quiere —negando con la cabeza—, poniendo el dedo índice sobre los labios susurrando «sssshhhh» para pedir silencio o imitando el movimiento de las alas con sus manos para representar un pájaro. En general, todo sirve para expresar una idea que todavía no sabe ni puede comunicar bien con palabras.

El simbolismo sonoro también sirve para expresarse y adentrarse en el lenguaje —dirá «guau, guau» para referirse a un perro, «miau, miau» para un gato, «pío, pío» para un pajarito, «brumm, brumm» si alude a un coche, etc.—, y para comprender el significado de las palabras mucho antes de poder articularlas. Todos hemos jugado a «dónde tienes la nariz» para que nuestro hijo se la señalara con el dedo —y lo mismo con los ojos, el ombligo, etc.— y le hemos cantado. Aprenden mucho con las canciones que les encantan y que nos hacen repetir una y otra vez. Cantándoles también gesticulamos y ellos nos imitan —«Palmas, palmitas», «Cinco lobitos», «Pim pom es un muñeco…»—.

Las primeras palabras que nombran suelen ser «papá» y «mamá» —cuando le oigas decirlas, te emocionará—, al principio, casi de casualidad, haciendo pedorretas y manejando bisílabos. Más adelante asociarán estas palabras —papá o mamá— con uno de vosotros y las emplearán para llamaros. Luego suelen emplear «tete» para su hermano y «yaya» y «yayo» para los abuelos.

COMUNICACIÓN A TRAVÉS DEL LENGUAJE

Cada niño hablará a su debido tiempo, a edades diferentes. Se dice que las niñas adquieren antes la habilidad del habla, y en general, lo hacen muy bien a los dos años, mientras que los niños siguen utilizando una jerga ininteligible —se apañan con el lenguaje de gestos o utilizan palabras bisílabas para nombrarlo todo—.

Estarás deseando que tu hijo aprenda a utilizar el lenguaje para comunicarse, pues hasta entonces no sabrás muy bien lo que quiere porque «no te lo dice». Muchas personas me comentan que ser pediatra debe de ser muy complicado porque nuestros pacientes no cuentan lo que les pasa. Les suelo contestar que los niños no engañan, que se expresan de muchas otras maneras, generalmente fáciles de interpretar cuando se conocen.

Ellos aprenden a hablar y nosotros ya sabemos hacerlo. A partir de entonces el lenguaje será la herramienta básica de comunicación. Pero ¿sabemos utilizar correctamente el lenguaje?, ¿sabemos comunicarnos a través de él con nuestros hijos?

La comunicación se establece entre los dos, entre tu hijo y tú —o su padre—. En algunas ocasiones será algo que quieres decirle y en otras, algo que él quiere expresarte. Aunque no hables, aunque permanezcas callada mientras te habla, os comunicareis. La comunicación eficaz con tu hijo es muy similar a hablar entre adultos y sigue las mismas reglas en ambos casos.

Escuchar antes que hablar

En los cursos de habilidades de comunicación enseñan que lo fundamental es lo que los otros tienen que decirnos, que lo más importante «es la otra persona». Hay una serie de citas que ilustran perfectamente esta idea. Goethe decía que hablar es una necesidad, mientras que escuchar es un arte. David Fischman por su parte ha dicho que «saber escuchar es más que tener la capacidad de oír las palabras de los demás», que es «principalmente, poseer la capacidad de dejar de oír nuestras propias palabras». Por último, el dramaturgo inglés William Shakespeare señaló sabiamente que antes de hablar había que escuchar; que antes de criticar había que examinarnos; que antes de escribir había que pensar y que antes de herir había que sentir.

Muchas de las conversaciones entre dos personas que oímos por la calle son monólogos. Parece que lo importante es lo que cada una de ellas tiene que decir. La sensación es que no se escuchan. En muchas ocasiones, cuando el otro nos habla no le estamos atendiendo, estamos pensando en lo que le vamos a exponer. Y le llegamos a interrumpir para decirle lo que pensamos. Si eso pasa entre iguales, todavía es más frecuente que ocurra entre padres e hijos.

Que se sienta escuchado

Si tu hijo quiere contarte algo es conveniente que muestres interés por lo que intenta decirte —si tú hablas con otra persona y esta ni te mira, no sentirás que te presta atención por mucho que te diga «sigue, sigue, que te escucho»—. Si te pones a su altura —porque es más bajito que tú— y le miras a los ojos, le estarás estimulando a hablar porque sentirá que le estás atendiendo.

Si le cuesta expresarse, conviene ayudarle. Es útil hacerle preguntas abiertas que no se puedan contestar con un sí o un no —«¿Cómo estás?», «¿Qué te preocupa?», «¿Qué te ha pasado?»…—. Tras una pregunta abierta es bueno que esperes a que te conteste. Hay que dedicarle el tiempo que necesite para expresarse. Acabará por hacerlo.

También se siente escuchado y le estimula a hablar más si repites, con otras palabras, lo que te está diciendo —«Así que Pepito te quitó la pelota»—, porque muestras interés por lo que te está contando.

El lenguaje no verbal gestual también ayuda. Como asentir con la cabeza mientras habla y poner cara de interés, abriendo mucho los ojos y emitiendo expresiones de asombro —«¡Caramba!», «¿Eso te hizo?»…—.

Aunque esto te resulte obvio, es muy frecuente que los padres no tengamos tiempo para hablar con nuestros hijos. Se repiten escenas de niños intentando hablar mientras persiguen, por toda la casa, a sus atareados padres que parecen no prestarles atención.

Es mucho más importante como hemos dicho el lenguaje no verbal que lo que estrictamente estamos diciendo. La mente consciente, a través de la que entendemos las palabras que nos dicen, es capaz de procesar cuarenta estímulos por segundo; pero la inconsciente, la que interpreta el lenguaje no verbal, es capaz de hacerlo hasta veinte millones de estímulos por segundo. Se dice que cuando dos personas se comunican, procesan mucha más información por la vista —casi el noventa por ciento— que por el oído. En la comunicación cara a cara recibimos a través del canal verbal un treinta y cinco por ciento de la información repartida en veinticinco de información paraverbal —tono de voz, timbre, pausas...— y solo un diez por ciento de información objetiva. ¡Cuántas veces nos quejamos de que aquello que dijimos no fue entendido por el otro!

Estos aspectos son, si cabe, todavía más valiosos en la comunicación con los niños, para quienes, cuando son pequeños, los padres somos las personas más importantes y sabias del mundo. Es trascendental, como hemos dicho, lo que les decimos, pero más aún dónde y cómo lo hacemos. Y si es bueno mirarles cuando nos hablan, imagina si, además, les abrazamos o les tenemos sentados en nuestra falda. Decir «te quiero mucho» con un tono lleno de cariño es preferible a hacerlo sin inflexión de voz alguna. El tono de voz que emplees dará énfasis y sentido a lo que le dices.

EL PODER DE LA PALABRA

Ginott, un famoso psicólogo pediátrico que instruía a los padres acerca de cómo hablar a sus hijos, decía que la palabra es como un bisturí. Si padecemos una apendicitis, esperamos que el cirujano haga una incisión pequeña y corte solo lo imprescindible, incluido el apéndice. Decía también que con los hijos manejamos, en muchas ocasiones, el bisturí —la palabra— haciendo aspas, cortando a diestro y siniestro sin darnos cuenta del daño que ocasionamos.

ESCUCHAR CON EMPATÍA

Se dice que la empatía es «ponerse en el lugar del otro», aunque, reconozcámoslo, eso es muy difícil. Por eso Eva Bach y Anna Forés, pedagogas y escritoras, prefieren decir que es «ponerse a su lado». Escuchar con empatía es captar, interpretar y expresar lo que crees que tu hijo experimenta. Si te cuenta algo que supones le pone contento y sonríes o ríes, estarás manifestando lo que crees que él siente. Si mientras te habla de algo que le entristece pones una expresión triste —o le dices: «Eso te puso triste»—, sentirá que le comprendes. No estará más triste porque tú se lo expreses. Al sentirse comprendido, si es necesario, te contará más y sabrá que puede acudir a ti siempre que le ocurra algo malo.

No, no nos resulta fácil empatizar. ¿Cuántas veces empatizamos con los demás? ¿Cuántas veces lo hacemos con nuestra pareja cuando nos cuenta algo que le preocupa? Nos cuesta tanto empatizar porque solemos tender a dar aquello que recibimos de niños. Cuando nos caíamos al suelo nos decían «no llores, no ha sido nada», ignorando que nos dolía. Si estábamos tristes, «no estés triste»; si enfadados, «no te enfades». Ya de adultos es fácil que se nos escape el «no te preocupes» cuando un amigo nos cuenta sus problemas. Posiblemente, detrás de esta flagrante falta de empatía está el disgusto por enfrentarnos a sentimientos y emociones negativas —el dolor, la tristeza, el enfado, la preocupación…— y nuestro sincero deseo de que dejen de sentirse así. Pero una persona preocupada no dejará de estarlo porque se lo digamos.

Se trata de mostrar empatía y, en todo caso, averiguar lo que ha causado esa emoción negativa para ayudar a solucionarlo —por ejemplo, si tu hijo se cae y se lamenta le puedes decir: «Te has caído y lloras porque te duele. Una caída así hace daño»—. De este modo, además de mostrarle que entiendes cómo se encuentra, validas su sentimiento. No solo se siente comprendido y puede exteriorizar sus sentimientos, sino que entiende lo que le pasa y por qué le pasa.

Cuando un bebé llora, no sabe lo que le ocurre y es incapaz de identificar lo que siente. El llanto, como hemos dicho en varias ocasiones, es una expresión del estrés que sufre o ha sufrido por alguna razón. Decirle «no llores» no aliviará su estado de ánimo y, en todo caso, la repetición del «no llores» conseguirá que deje de expresar su angustia a través del llanto. Así nadie se enterará de que está mal y nadie se sentirá molesto cuando él lo esté.

Según Alice Miller, psiquiatra alemana autora del libro *Por tu propio bien*, la represión de los sentimientos tiene consecuencias a medio y largo plazo. Se trata de interpretar los sentimientos «negativos» como un síntoma. Si tu hijo está enfadado, triste o llora, por algo será. Aceptar su dolor y empatizar con él te ayudará a descubrir qué lo ha provocado. Esta actitud es válida en la primera infancia, en la niñez, en la adolescencia y para el resto de sus vidas. Si cuando se caiga al suelo le dices «tienes que haberte hecho daño», «caerse así duele» o «a mí me dolía mucho cuando me caía», conseguirás que se sienta comprendido y que llore a gusto su dolor y que te busque —o a su padre— siempre que le pase algo. Ahora, de pequeño, serán las caídas. De adolescente será otro tipo de daño que tendrá la confianza de plantearte.

CARICIAS VERBALES: REFUERZO POSITIVO

Conozco a muchas personas que manifiestan a sus parejas lo que no les gusta de ellas para que lo cambien y omiten decirles lo que sí les gusta. Ese razonamiento, sin duda, lo hacen porque repiten lo vivido de niños, lo que han recibido. Es frecuente que los padres expresen su disgusto ante algo que no les gusta de su hijo. Sin embargo, con bastante menos frecuencia, alaban lo que hace bien. Reconocemos nuestra imagen porque nos miramos al espejo, y si lo que vemos no nos gusta, hacemos las mejoras necesarias antes de salir a la calle para sentirnos más seguros. Pero ¿cómo sabemos cuál es nuestra imagen como persona? ¿Cómo somos como pareja, como amigo, como hijo, como profesional? Lo sabemos por la imagen de nosotros que nos devuelven los demás, por lo que nos dicen. Las parejas de esas personas que solo dicen lo que no les gusta creen que gustan poco.

Recuerda que para tu hijo eres, como hemos comentado, la persona más importante del mundo. Tu opinión tiene muchísimo peso y trascendencia para él.

Es habitual en muchos padres no solo resaltar lo que les disgusta de sus hijos, sino también etiquetarles y calificarles —«¡Qué torpe eres!», «¡Eres un desastre!», «¡Eres malo!»…—. El niño que lo oye cree que es torpe, que es un desastre, que es malo y muchas veces se lo repite a sí mismo de mayor. Convierte las palabras negativas de sus padres, las críticas a su persona o incluso el silencio —dejar de hablarles, enfadados— en algo que martillea su cerebro y que acaba por causarle daño emocional. Es exactamente hacer daño con el bisturí de la palabra.

Si algo no te gusta de tu hijo, tendrás que decírselo, pero es conveniente que catalogues solo el hecho en cuestión —«No me gusta que dejes el cuarto desordenado, vamos a ordenarlo»; en vez decirle: «¡Eres un desastre!», y castigarle por ello—. Está comprobado que si cuando se le derrama la leche de la taza, por ejemplo, en vez de decirle enfadada —«¡Qué torpe eres!», le dices «¡Vaya! Se ha caído la leche. Habrá que limpiarlo»—, lo más probable es que vaya a buscar un trapo para ayudarte a hacerlo. De este modo le mostrarás tu disgusto sin que se sienta humillado ni castigado, y se ofrecerá a colaborar para arreglar las consecuencias de lo que ha hecho.

¡Qué importante es alabar lo que ha hecho bien! El refuerzo positivo hace que se sienta más seguro, más valorado y más querido. Exprésalo con palabras y con una sonrisa —«¡Qué bien has ordenado los juguetes!», «¡Cómo me gusta lo que has pintado!»…—. Siempre hay algo que hace bien. Es bueno buscarlo y reforzarlo, incluso en circunstancias adversas. Decir «¡qué limpios tienes los dientes!» antes de desaprobar lo sucio que ha quedado el lavabo. Además, se sabe que el lenguaje positivo mejora su rendimiento cognitivo, su capacidad de concentración y su memoria a largo plazo. Eric Berne, psiquiatra canadiense, llamó al refuerzo positivo, caricias verbales.

Si hemos comentado que es conveniente no etiquetar a los niños por lo que hacen mal, lo mismo ocurre cuando lo hacen bien. Si decimos «eres un artista» en vez de alabar simplemente el dibujo que ha hecho, es probable que depositemos en él unas expectativas demasiado elevadas que no le animen a seguir dibujando.

De pequeños, nos etiquetan y nos comparan. Las ideas que recogí sobre mí de mi familia eran: nunca miente, es bueno, es serio y es estudioso. Supongo que yo mismo las abonaba, ya que eran las cualidades que mis padres apreciaban de mí. Y por eso mismo, en muchas ocasiones me sentía mal, pues también hacía trastadas y no era cierto que nunca mintiera.

ACEPTAR LO QUE PIENSA O SIENTE

Carl Gustav Jung, médico suizo, dijo que «lo que niegas te somete» y lo que «aceptas te transforma». En general, los adultos nos sentimos cómodos hablando con personas que piensan y opinan como nosotros y solemos descalificar sin contemplaciones a aquellas que difieren. Llega a tal punto esa postura que hacemos prejuicios simplemente por su aspecto, por su origen o por su cultura. Les ponemos una etiqueta negativa que condicionará la comunicación entre ellos y nosotros. Un simple «no lo entiendo» es un recurso fácil para no profundizar en lo que siente una persona con la que no estamos de acuerdo.

Los adultos y los niños podemos experimentar sentimientos antagónicos difíciles de gestionar. No es extraño que un niño de tres años sienta que quiere mucho a su hermano pequeño y, al mismo tiempo, desee hacerle daño. Sabemos que es frecuente, que no significa que sea malo. «No le hagas daño, eres malo» o «Tienes que querer a tu hermano» son expresiones que nos salen a los padres sin pensar. Para aceptarlo te resultará útil devolver lo que te ha dicho —o empatizar con él—. En este caso devolver lo que ha dicho sería parecido a: «Tienes ganas de hacer daño a tu hermano»; y empatizar y validar sería más o menos: «Quieres mucho a tu hermano, pero a veces sientes rabia cuando ves que estoy más con él que contigo».

Se hará mayor y tendrá opiniones propias sobre cómo vestirse, qué comer, qué hacer, incluso cómo vivir la vida. Si sueles aceptar lo que piensa, empatizando con él y validando sus sentimientos, se sentirá comprendido, valorado y querido, y estará más abierto a tus opiniones. No se trata de convencerle ni de demostrarle que está equivocado, sino de que conozca lo que opinas o de facilitarle una información que le pueda servir de ayuda. En todo caso, es conveniente que seas capaz de aceptar sus decisiones.

SUGERIR EN VEZ DE DAR ÓRDENES

Sabemos que, en una entrevista entre dos adultos, el receptor de la información solo retiene dos frases o consejos. Por larga que sea la conversación. Así, no podemos pretender que un niño pequeño entienda o retenga algo más que una o dos órdenes breves y sencillas.

En los ambientes tribales, la comunicación verbal entre adultos y niños es muy básica. Dan órdenes breves, escuetas y claras.

No les dan grandes discursos. Les orientan y les dirigen. No es que los padres y los niños no tengan un vocabulario más amplio, sino que el que necesitan para comunicarse con sus hijos es el más sencillo. No hay que hablar demasiado, hay que decir lo justo.

Es contraproducente utilizar el «no» en una orden. Como comprobó Georges Lakoff, investigador estadounidense, si dices alguien que no piense en un elefante, lo más probable es que acabe pensando exactamente en lo que habías dicho que no hiciera. Con el agravante de que antes no estaba pensando en el animal. De manera que decir a tu hijo que no vaya al enchufe puede ocasionar que se dé cuenta de que hay uno y consigas que le interese y se acerque a explorarlo.

Cuando los niños son pequeños es conveniente darles órdenes. Pero a medida que crecen y va conformándose su personalidad, es preferible sugerir. Se ha comprobado que si el niño, tras una conversación con sus padres, toma la decisión que ellos le han sugerido, la llevará a cabo, pero si es un mandato que ha de ejecutar, puede que no obedezca.

No olvides que es conveniente que escuches a tu hijo con atención, que empatices con él, que aceptes lo que siente y piensa y, finalmente, que no le des órdenes Será él quien más hable, quien exprese todo lo que necesita a través de la palabra. Si se siente escuchado, respetado y querido es mucho más probable que atienda a tus sugerencias —«Que te parece si…», «Creo que te iría mejor si…», «A mí me sirvió…»—.

QUERERLES MUCHO

Una vez pregunté a mi madre cómo había hecho para atender a tantas personas —sus padres, sus dos tías, su marido, sus siete hijos, a dos nietos— y que todos nos sintiéramos tan bien cuidados. Me dijo: «Queriéndoles mucho».

En aquel momento creí que no me había entendido, que su respuesta no me ayudaría. Porque todos los padres queremos a nuestros hijos. Pero de repente lo entendí. No se trata de que nosotros sintamos que los queremos, se trata de que cada uno de nuestros hijos se sienta querido por nosotros.

Vuestro hijo se sentirá querido si desde pequeño atendéis sus necesidades, si conseguís que disfrute de un sentimiento positivo de equilibrio, y más adelante si le escucháis, si empatizáis con él, y si se siente aceptado y valorado por vosotros. Los abrazos, los besos y los cariños nunca están de más, no solo cuando son pequeños, sino también en la adolescencia y más adelante.

AGRADECIMIENTOS

A Olga y Virginia, de la editorial, por su confianza en mí, su ánimo y su paciencia.

Gracias a Ricardo, mi amigo —y jefe—, por su apoyo incluso en circunstancias adversas.

A Marta, por su amor y por su comprensión y apoyo.

A mi hijo, Pepe, por su cariñosa y crítica revisión del manuscrito.

A mis amigos del mundo de la lactancia, porque hay un poco de cada uno de ellos en este libro.

BIBLIOGRAFÍA

ABRAHAM, E. *et al.,* «Father's brain is sensitive to childcare experiences», *PNAS,* 11, 9792-9797, 2014.

ANISFELD, E. *et al.,* «Does infant carrying promote attachment? An experimental study of the effects of increased physical contact on the development of attachment», *Child Development,* 61, 1990.

ASOCIACIÓN ESPAÑOLA DE PEDIATRÍA, *Manual de lactancia materna. De la teoría a la práctica,* ed. Médica Panamericana, 2008.

BACH, E. y FORÉS, A., *La asertividad. Para gente extraordinaria,* Plataforma Editorial, 2008.

BELL D. L., «Expanding Community Support for Breastfeeding: The Role of Fathers», *Breastfeeding Medicine,* vol. 12, 8, 2017.

BOGGS, W., «Babies learn what words mean before they can use them», *Medscape,* 20, 2017.

BRAZELTON B. T. y CRAMER B. G., *La relación más temprana. Padres, bebés y el drama del apego inicial,* Paidós, 1993.

CARLSON, E. A., *et al.,* «Implications of attachment theory and research for developmental-behavioural pediatrics», *Jour-nal of Developmental and Behavioral Pediatrics,* 24, 364-379, 2003.

CÉSPEDES, A., *Educar las emociones*, Ediciones B, 2013.

CHAMBERLAIN D., *La mente del bebé recién nacido. Una nueva dimensión de la conciencia humana a través de la experiencia del nacimiento,* Ob Stare, 2013.

CHANTRY, C. J. *et al.,* «AMB position on breastfeeding-revised 2015», *Breastfeeding Medicine,* 10, 407-4011, 2015.

CHAPARRO, C. M. *et al.,* «Effect of timing of umbilical cord clamping on iron status in mexican infants: a randomised controlled trial», *Lancet,* 367(9527), 1997-2004, 2006.

CHARLOTTE K. R. *et al.,* «Infant sleep development: location, feeding and expectations in the postnatal period», *The Open Sleep Journal,* 6, (1. M9) 68-76, 2013.

CLOSA, R., MORALEJO, J., RAVÉS, M., MARTÍNEZ, M. J. y GÓMEZ PAPÍ, A., «Método canguro en prematuros ingresados en una UCI neonatal». *Anales Españoles de Pediatría,* 49, 495-498, 1998.

COLSON S. D. *et al.,* «Optimal positions for the release of primitive neonatal reflexes stimulating breastfeeding», *Early Human Development,* 84, 2008.

CSIBRA G. y SHAMSUDHEE R., «Nonverbal generics: human infants interpret objects as symbols of object kinds», *Annual Review of Psychology,* 66, 689-710, 2015.

DELIBES DE CASTRO M., y GÓMEZ PAPÍ, A., *Pequeño mamífero. El cachorro humano y otros lactantes,* Temas de Hoy, 2017.

EIDELMAN A. I., «Breastfeeding's role in the neurobiology of parenting», *Breastfeeding Medicine,* vol., 12, 6, 2017.

ELSIE J. M. *et al.,* «Imprinting, latchment and displacement: a mini review of early instinctual behaviour in newborn infants influencing breastfeeding success», *Acta Pædiatrica,* 105, 24-30, 2016.

FARRONI T. *et al.,* «Eye contact detection in humans from birth», *PNAS,* 99, 2002.

FELDMAN, R. *et al.,* «Comparison of skin-to-skin (kangaroo) and traditional care: parenting outcomes and preterm infant development», *Pediatrics,* 10, 16-26, 2002.

FUERTES, M. *et al.,* «More than maternal sensitivity shapes attachment: infant coping and temperament», *Annals of the New York Academy of Sciencies,* 1094, 292-296, 2006.

GERHARDT, S., *El amor maternal. La influencia del afecto en el desarrollo mental y emocional del bebé,* Albesa, 2008.

GINOTT H. G., *Entre padre e hijos,* Omega, 2005.

GOLDIN-MEADOW S. y WAGNER ALIBALI, M., «Gesture's role in speaking, learning, and creating language», *Annual Review of Psychology,* 64, 257-283, 2013.

GOLDMAN, A. S., «The immune system of human milk: antimicrobial, antiinflammatory and immunomodulating properties», *The Pediatric Infectious Disease Journal,* 12, 664-671, 1993.

GOLEMAN, D., *Inteligencia emocional,* Kairós, 1996.

GÓMEZ PAPÍ, A., «Método canguro en la sala de partos en recién nacidos a término», *Anales Españoles de Pediatría,* 48, 631-633, 1998.

—, *El poder de las caricias. Crecer sin lágrimas,* Espasa, 2010.

GONZÁLEZ, C., *Bésame mucho. Cómo criar a tus hijos con amor,* Temas de Hoy, 2007.

—, *Un regalo para toda la vida. Guía de lactancia materna,* Temas de Hoy, Madrid, 2006.

GOPNIK, A., *El filósofo entre pañales,* Temas de Hoy, Madrid, 2010.

GUTMAN, L., *Crianza. Violencias invisibles y adicciones,* RBA, 2008.

HAMOSH, M., «Bioactive factors in human milk», *Pediatric Clinics of North America,* 48, 69-86, 2001.

HANSON, J. L. *et al.,* «Behavioral problems after early life stress: contributions of the hippocampus and amygdale», *Biological Psychiatry,* 77, 314-323, 2015.

HASSIOTOU, F. y GEDDES, D. T., «Immune cell-mediated protection of the mammary gland and the infant during breastfeeding», *Advances in Nutrition,* 6, 267-275, 2015.

HASSIOTOU, F. y HARTMANN, P. E., «At the dawn of a new discovery: the potential of breast milk stem cells», *Advances in Nutrition,* 5, 770-778, 2014.

HUTTON, E., HASSAN, E., «Late vs early clamping of the umbilical cord in full-term neonates systematic review and meta-analysis of controlled trials», *JAMA,* 297, 1241-1252, 2007.

IMAI M. y SOTARO KITA S., «The sound symbolism bootstrapping hypothesis for language acquisition and language evolution», *Philosophical Transactions of the Royal Society,* B 369, 20130298, 2014.

KENNELL J. H, *et al.,* «Bonding: recent observations that alter perinatal care», *Pediatrics in Review,* 19, 1998.

KLAUS M. H. *et al., Bonding. Building the foundantions of secure attachment and independence,* Addison-Wesley, 1995.

KLAUS, M. H. y KENNELL J. H., *La relación madre-hijo. Impacto de la separación o pérdida prematura en el desarrollo de la familia,* Editorial Médica Panamericana, 1978.

KLAUS, MARSALL H. y KLAUS PHYLLIS, *Your amazing newborn,* Da Capo Press, 1998.

LAGERCRANTZ H., «The birth of consciousness», *Early Human Development,* 85, 2009.

LAWRENCE, R. A. y LAWRENCE, R. M., «Breastfeeding. A guide for the medical profession», *Mosby,* 2015.

LEUNER, B. *et al.,* «Structural plasticity and hippocampal function», *Annual Review of Psychology,* 61, 2010.

LIEDLOFF, J., *El concepto de continuum. En busca del bienestar perdido,* Ob Stare, 2008.

LUBY, JOAN L. *et al.,* «Maternal support in early childhood predicts larger hippocampal volumes at school age», *PNAS,* 109, 2012.

MARLIER L. y SCHAAL B., «Human newborns prefer human milk: conspecific milk odor is attractive without postnatal exposure», *Child Developmet,* 76, 2005.

McELWAIN, N. L. y BOOTH-LAFORCE C., «Maternal sensitivity to infant distress and nondistress as predictors of infant-mother attachment security», *Journal of Family Psychology,* 20, 2006.

McINERNY, T., «Breastfeeding, early brain development and epigenetics. Getting children off to their best start», *Breastfeed Med.,* 9, 333-334, 2014.

MEINS, E. *et al.,* «Rethinking maternal sensitivity: mothers' comments on infants' mental processes predict security of attachment at 12 months», *Journal of Child Psychology and Psychiatry and Allied Discipline,* 42, 2001.

MILLER, A., *Por tu propio bien. Raíces de la violencia en la educación del niño,* Tusquets, 1998.

MOORE E. R., *et al.,* «Early skin-to-skin contact for mothers and their healthy newborn infants», *Cochrane Database of Systematic Reviews,* 2007.

MORRIS D., *Baby,* Libros Cúpula, 2008.

ODENT M., *El bebé es un mamífero,* Ob Stare, 2007.

OLZA-FERNÁNDEZ I. *et al.,* «Neuroendocrinology of childbirth and mother-child attachment: the basis of an etiopathogenic model of perinatal neurobiological disorders», *Neuroendocrinology,* 35, 459-472, 2014.

PÉREZ SIMÓ, R., *El desarrollo emocional de tu hijo,* Paidós, 2001.

PORTER R. H., «The biological significance of skin-to-skin contact and maternal odours», *Acta Paediatrica,* 93, 2004.

RESS, C. A., «Thinking about children's attachments», *Archives of Disease in Childhood,* 90, 1058-1065, 2005.

RIGHARD L., y ALADE M., «Effect of delivery room routines on success of first breast-feed», *Lancet,* 336, 1990.

ROJAS-MARCOS, L., *La familia. De relaciones tóxicas a relaciones sanas,* Grijalbo, 2014.

SCHORE, A., «Back to basics: attachment, affect regulation, and the developing right brain. Linking developmental neuroscience to pediatrics», *Pediatrics in Review,* 26, 204-217, 2005.

SIEGEL, D. J. y BRYSON T. P., *El cerebro del niño. 12 estrategias revolucionarias para cultivar la mente en desarrollo de tu hijo,* Alba Editorial, 2014.

SOLTER, A. J., *Mi bebé lo entiende todo*, Medici, 2002.

TURCHET, P., *El lenguaje de la seducción. Entender los códigos de la comunicación no verbal,* Amat, 2005.

WINNICOTT, D. W., *El niño y el mundo externo,* Lumen, 1993.

ZIV, Y. *et al.,* «Emotional availability in the mother-infant dyad as related to the quality of infant-mother attachment relationship», *Attachment and Human Development,* 2, 149-69, 2000.

Páginas web

Atención al parto normal, Gobierno Vasco, 2011.
   http://www.osakidetza.euskadi.eus/contenidos/informa-
   cion/embarazo_parto_posparto/es_mujer/adjuntos/
   Parto%20castellano%20PDF%20navegable%20y%20
   con%20marcadores.pdf
Plan de Parto y Nacimiento, Agencia de Calidad del Sistema
   Nacional de Salud.
   http://www.msssi.gob.es/organizacion/sns/planCalidadS-
   NS/pdf/equidad/planPartoNacimiento.pdf
*Guía de práctica clínica sobre la atención al parto normal. Guías
   de práctica clínica en el SNS.* Ministerio de Sanidad y Política Social.
   http://www.msssi.gob.es/organizacion/sns/planCalidadS-
   NS/pdf/equidad/guiaPracClinPartoCompleta.pdf
El parto es nuestro.
   https://www.elpartoesnuestro.es/
Que no os separen.
   http://www.quenoosseparen.info/
*Comité de Lactancia Materna de la Asociación Española de Pe-
   diatría.*
   http://www.aeped.es/comite-lactancia-materna
La Liga de la Leche de España.
   http://www.laligadelaleche.es/lactancia_materna/
Alba Lactancia Materna.
   http://albalactanciamaterna.org/
IHAN. Recursos sobre lactancia materna.
   https://www.ihan.es/cd/index.html